Christa Zeuch

wohnt mit ihrem Mann in Kochendorf bei Eckernförde an der Ostsee. Sie hat zwei Kinder, drei Enkelkinder und zwei Urenkel. Seit 1984 sind von ihr rund 60 Buchtitel für Kinder und Jugendliche in bekannten Verlagen erschienen.

Und was denkt sie sich alles aus? Lange Geschichten und noch mehr kurze, Fantastisches und Wahres, Nachdenkliches, Lustiges, Spannendes, Wortwitziges, Lieder und Gedichte. Vieles davon hat seinen festen Platz in Schul- und Musikbüchern gefunden.

Seit drei Jahren veröffentlicht sie ihre Werke in der 2010 gegründeten Edition Gegenwind, einer Gemeinschaft namhafter Autorinnen und Autoren. Manchmal arbeitet sie auch mit ihrem Sohn, dem Jazzpianisten Fabian Zeuch, zusammen. Begleitet von ihrer Gitarre 'Franziska' besucht sie mit abwechslungsreichen Leseveranstaltungen seit vielen Jahren erfolgreich Schulen und Büchereien.

Christa Zeuch

Mein Sommer mit Oma und Finn

In liebevoller Erinnerung an meine Mutter Else

Bibliographische Information der Deutschen Bibliothek:
Die Deutsche Bibliothek verzeichnet diese Publikation
in der Deutschen Nationalbibliographie; detaillierte Daten sind im Internet unter
http://dnb.ddb.de abrufbar.

Edition Gegenwind
Originalausgabe

Text: © 2017 Christa Zeuch
Wiedergabe des Werks ganz oder auszugsweise
nur mit Zustimmung der Autorin
Coverbild und Illustrationen: © Christa Zeuch
Gesamtlayout: Fabian Zeuch
Herstellung und Verlag:
BoD - Books on Demand GmbH Norderstedt

ISBN 978-3-7431-0143-2

www.edition-gegenwind.de

1

Die Autoseele pfeift

Aus meinem Rucksack fische ich einen halben Müsliriegel. Habe ich schon alles andere aufgegessen?
Ich beiße rein. „Wam simpfa da?"
„Lisann! Mit vollem Mund versteht man dich prächtig", ruft Lena nach hinten.
Ich kaue und schlucke. „Wann - sind - wir - da?"
„Ohne Stau etwa in einer Dreiviertelstunde."
Das geht ja noch. Unsere Reise kommt mir schon endlos vor.
„Jona?" Ich tippe meinen Bruder an, der mit einer Hand rhythmisch auf sein Knie klopft.
Er zieht einen Stöpsel aus dem Ohr.
„Hast du noch irgendwas Süßes?"
Sofort ermahnt mich Lena, dass es für heute reicht, denn wir haben eine Mutter, die streng über unsere Gesundheit wacht.
„Vergiss es, sonst lässt sie sich wieder über Zahnfraß aus", sage ich leise zu Jona.
Gelangweilt döse ich aus dem Autofenster. Lesen während der Fahrt kann ich nicht, davon wird mir schlecht. Und dauernd Musik hören nervt mich. Vor der Fahrt hat uns Lena ermahnt: „Statt aufs Display schaut lieber in die wirkliche Welt. Lasst eure Smartphones während des Urlaubs ausgeschaltet. Und bitte keinen Protest!"
Die wirkliche Welt besteht zurzeit aus Maisfeldern. Noch mehr Maisfelder. Maisfelder. Industriepark. Maisfelder. Parkplatz. Und alles wieder von vorn.

Ich schlage meinem Bruder unser ABC-Wörter-Spiel vor.
Er schaltet die Ohrmusik ab und fängt an: „Du albernes Affenbaby."
„Du brüllende Bratwurst."
„Du charmante Chinesin."
„Du dusselige Dampfwalze."
„Du ekliger Eiterpickel."
Wir versuchen, uns mit Schnelligkeit zu übertreffen, und gackern immer lauter.
„Geht es auch ruhiger?", beschwert sich Lena. „Ich muss auf den Verkehr achten."
Sie drosselt die Geschwindigkeit, weil sie nicht wagt, zwei LKW zu überholen.
Eine Kolonne Autos rast so schnell an uns vorbei, dass es mir vorkommt, als seien wir stehen geblieben. Lena fährt ja auch so lahm, als würde sie rohe Eier transportieren.
Aber ich muss meine Mama in Schutz nehmen. Unser hellgrünes Automobilchen ist fast doppelt so alt wie ich und muss geschont werden. Ab Tempo 100 pfeift es immer leise vor sich hin.
Lena möchte es bis zu seinem letzten Schnaufer fahren, und das finden Jona und ich auch gut. Es gehört einfach zu uns. Ich glaube, es ist seine Seele, die so schön pfeift. Denn eine Seele besitzt es, da bin ich sicher.
Wenn es nach mir ginge, würde unser Auto später auf keinem Schrottplatz platt gequetscht. Es bekäme ein richtiges Grab. Eins mit blauen Vergissmeinnicht. Leider gibt es so schöne Autofriedhöfe nicht.
Nach ein paar Kilometern fährt Lena von der Autobahn und biegt in eine lange, grüne Pappelallee. Von nun an geht die Fahrt über Landstraßen weiter.
„Da vorn zwischen den Bäumen glitzert es. Ich glaube, der Stausee!", ruft Jona.
„Dann sind wir bald da." Lena reckt den steifen Hals nach links und rechts, als wolle sie ihn loswerden. „Ihr wisst ja, Oma ist schon in Mollberg. Denkt bitte daran, dass sie keinen Lärm verträgt."
„Logisch", nuschelt Jona.
„Es ist wichtig", betont Lena. „Wegen der Gehirnerschütterung nach

ihrem Sturz. Sie braucht noch Ruhe, also streitet und kabbelt euch ausnahmsweise nicht."
„Hast du uns schon zehnmal gesagt."
„Und ich werde es zum elften Mal sagen", weist Lena ihn zurecht.

Wir machen das Spiel weiter.
Pupsender Pinguin … quakender Quirl …
Weil mir bei R nichts einfällt, kräht Jona sofort: „Ich zähle bis drei, dann habe ich gewonnen. Eins … zwei …"
„Du roter Rotzzinken", sage ich schnell mit Blick auf seine gerötete Nase.
„Ey, das ist jetzt echt fies!" Boff, landet seine Faust auf meinem Oberschenkel.
Es tut gemein weh, und ich knuffe ihn genauso. „Mann, verstehst du keinen Spaß?"
„Jonas Allergie ist wirklich kein Spaß!", nimmt Lena ihn in Schutz.
Er knufft mich weiter.
„Aua, du sadistischer Schlägertyp!"
„Schluss damit!", faucht Lena. „Oder wollt ihr, dass ich gegen einen Baum fahre!"
„Aber Jona boxt mich ganz gemein", heule ich los.
Mit einem scharfen Schlenker steuert Lena auf den Randstreifen zu und bremst so ruckartig, dass ich gegen meinen Bruder kippe.
„Wenn ihr euch wie Idioten prügeln wollt, steigt aus." Sie verschränkt die Arme und wartet.
Ich verkneife mir ein weiteres Schimpfwort für Jona, denn Lenas Miene zeigt, dass sie kurz vor einem Aussetzer ist. Die sind schlimmer als die schlimmste Rangelei mit Jona. Dann erstarrt meine Mama zu Stein und ist zwei Tage so ansprechbar wie der Mond.
Acht, neun Autos rauschen an uns vorbei. Ein Reisebus. Ein Motorrad.
Endlich holt Lena tief Luft, schnaubt wie ein Pferd und gibt vorsichtig Gas.
Mir fällt gerade für das T „trübe Tasse" ein. Das würde ich Jona am liebsten ins Ohr zischen.
Aber es ist klüger, den Mund zu halten.

2

Hallo Omschi!

Ohne die Fahrbahn aus dem Blick zu verlieren, greift Lena nach ihrer Tasche auf dem Beifahrersitz und schwingt sie zu uns nach hinten.
Jona fängt sie mit einer Hand auf. „Nimm mal mein Handy raus und ruf Barbara an, dass wir gleich am Stausee sind."
Er klickt die Telefonnummer ihrer Schwester an, der das Bauernhaus gehört, wo wir jetzt hinfahren.
Seit Tagen betont Lena, wir würden dort wunderschön Urlaub machen. Das sagt sie aber nur, um Jona und mich zu beschwichtigen, denn eigentlich wollte sie dieses Jahr mit uns nach Gran Canaria fliegen. Wir hatten uns ein tolles Hotel ausgesucht, direkt am Meer.
Daraus ist nichts geworden. Wir sollen Oma drei Wochen lang hüten, weil sie sich nach ihrem Unfall noch nicht allein versorgen kann. Barbara und ihr Mann, unser Onkel Pablo, sind Psychologen und fliegen nach Portugal, wo sie ein Fortbildungsseminar leiten.
In Wahrheit passt es Lena nicht, dass sie Oma hüten soll. Und zwar wegen ihrer neuen Liebe. Meine Eltern sind ja schon lange geschieden, und jetzt ist meine Mama mit Armin zusammen.
Er wollte mit uns nach Gran Canaria reisen. Lena gibt es zwar nicht zu, aber ich wette, sie flippt neuerdings so leicht aus, weil es wegen Oma nicht klappt.
Ich bin jedenfalls froh, dass Armin zu Hause geblieben ist. Auf seine Anwesenheit kann ich locker verzichten. Ich mag ihn nicht. Aber auf keinen Fall darf ich das Lena zeigen. Wenn man was gegen Armin sagt, wird sie zickig.

Während Jona telefoniert, fällt mir die Postkarte von der Burgruine Flackenstein ein.
Ich drehe meinem Bruder den Rücken zu. Er braucht nicht mitzukriegen, was ich aus dem Rucksack fische und zum hundertsten Mal lese:

Hallo Lisann!
Happy birthday to you.
Schönes Fest!
Die Flattergeister von Flackenstein
lassen auch schön grüßen.
Dann bis nächstes Jahr.
Dein Finn

Zum Geburtstag hat er mir wirklich die versprochene Karte geschrieben. Ob er auch schon in Mollberg ist? Jedes Mal, wenn ich es mir vorstelle, rieselt durch meine Adern eine schöne Prickelwelle.
Ich drücke die Postkarte an mein Herz und bilde mir ein, er kann hören, wie es vor lauter Vorfreude klopft.
Ganz unten im Rucksack fühle ich den Stein mit den roten Punkten. Ich habe ihn mit Finn gefunden und hüte ihn. Er ist mein Glücksbringer.
Und da ist auch Koko, meine Stoffmaus. Die habe ich für alle Fälle eingepackt. Seit meiner Kindergartenzeit nehme ich sie mit ins Bett. Ja, ja, weiß ich schon von Jonas Lästerei, dass man mit elf zu alt ist für Stoffmäuse ... Ist mir aber egal.
„Cool, wir sind schon halb verhungert!", höre ich ihn jetzt sagen. „Dann bis gleich." Lena und mich lässt Jona wissen: „Roger lobt unser perfektes Timing, er hätte gerade den Grill mit Holzkohle gefüttert."
Eins klappt gut zwischen meinem Bruder und mir: Auch wenn wir uns öfter streiten, sind wir nie lange sauer aufeinander. Das ist bei Lena anders, die kann Sauersein so eisern durchhalten, bis man platzt.
Wir überqueren die lange Brücke, zu deren linker Seite der Stausee liegt. Sein Wasser schimmert tiefblau mit silbrigen Flecken. Der Himmel spiegelt sich mit hellen Wattewolken darin, und ich bin sicher, dass es mir auf Gran Canaria gar nicht besser gefallen hätte.

Vor uns tauchen blassgrüne Hügel auf, an denen kleine Häuser kleben. Das ist Mollberg. Nach dem Ortsschild fahren wir um die rosafarbene Kirche und biegen in die Dorfstraße ein.
Am oberen Ende tauchen nebeneinander drei weiße Häuser auf, die früher zu einem richtigen Bauernhof gehörten. Nachdem sein Besitzer gestorben war, hatte Barbara das Anwesen mit den drei Gebäuden gekauft. Schweine, Kühe und Hühner gibt es nicht mehr. Dafür Mäuse, Katzen, Schwalben, Mücken und jede Menge Spinnen.
Vor dem letzten weißen Haus hält Lena an und drückt zweimal auf die Hupe.
Sie springt aus dem Wagen, reckt ächzend die Arme und dreht sich wie ein Derwisch. Ihre schlechte Laune scheint augenblicklich verflogen.
Jona und ich hopsen uns sechseinhalb Stunden Fahrt aus den Beinen und schnappen uns unsere Reisetaschen.
Und da fliegen Roger und Barbara mit ausgebreiteten Armen auf uns zu. Es folgt wildes Geknuddel, denn wir haben uns seit letztem Sommer nicht gesehen.

In der offenen Haustür wartet Oma. Sie hat ein helles Sommerkleid an. Auf einen Gehstock gestützt, lächelt sie uns entgegen. Ihre Zähne leuchten so weiß wie das Kräuselhaar, das ihr kleines Gesicht umrahmt.
„Hallo Omschi." Ich freue mich wie verrückt, sie wiederzusehen, und verpasse ihr einen Schmatz auf die Wange. „Wie geht es dir denn?"
Oma verzieht den Mund und wackelt mit dem Stock. „Es muss."
Ist sie geschrumpft? Nein, ich bin gewachsen!
Ihre Hand streicht über mein kurzes Haar. „Schön, dass du da bist, mein Kleiner."
Barbara verbessert: „Mutti, das ist doch Lisann, deine Enkeltochter."
„Ist es denn die Möglichkeit", staunt Oma. „Wo sind denn deine langen Haare geblieben?"
„Abgesäbelt. Ist praktischer."
„Da hast du recht. Sag bloß, der andere Stoppel ist ...?"
„Ja klar, Jona. Inzwischen kann er dir auf den Kopf spucken."

Mein Bruder ist inzwischen einen Kopf größer als Oma, er muss sich bücken, um sie zu umarmen. „Hallo Oma. Geht's dir schon wieder besser?"
Sie fasst an ihre Stirn und zeigt uns eine lange Narbe über dem rechten Auge. Ziemlich schlimm muss sie gestürzt sein.

Jona und ich legen jeder einen Arm um Omas Schultern und führen sie zum Tisch, auf dem schon das Essen wartet.
Barbara hat den Gartentisch unter dem alten Nussbaum gedeckt und mit Girlanden aus Efeu dekoriert. Sich selbst hat sie auch dekoriert. Sie trägt ein rotes Flatterkleid und hinterm Ohr eine Ringelblume, die toll zu ihrem schwarzen Haar passt.
Als Begrüßungsessen hat Roger Gemüsestücke und Hähnchenkeulen gegrillt, die von der kleinen Geflügelfarm unten im Dorf stammen. Und eine Riesenschüssel bunter Salat mit vielen Gartenkräutern steht auf dem Tisch. Alles duftet so lecker, dass meine Speicheldrüsen anfangen zu zwicken.
Ich finde, der Platz unter dem Nussbaum ist der schönste vom ganzen Grundstück. Von hier aus hat man einen ganz weiten Blick in die Hügellandschaft. Darüber wölbt sich der große Himmel, an dem sich immer wieder neue Wolkenbilder formen, als seien das Kulissen. Fehlen bloß kleine Figuren als Schauspieler.

Etwas Weiches streicht an meinen Beinen entlang.
„Brunhilde!"
Ich hebe die große rotbraune Katze hoch. Letztes Jahr war sie noch ein Kätzchen. Sie macht sich lang und schwer und lässt die Hinterpfoten fast bis auf den Boden hängen.
Als ich sie unterm Kinn kraule, verpasst mir Oma einen leichten Stups. „Hier ist kein Katzentisch."
„Ja, lass sie runter, Lisann. Und sofort Hände waschen", mahnt auch Lena. „Katzen übertragen Bakterien."
Meine Mama predigt gern, dass jederzeit irgendeine Grippe umgehen kann, Sommergrippe, Schweinegrippe, Vogelgrippe. Vielleicht gibt es ja neuerdings Katzengrippe.
Ich spüle meine Hände in der vollen Regentonne ab.

Alle nehmen an der Gartentafel Platz. Mir gegenüber setzt sich Oma auf einen Stuhl mit Armlehnen. Ihren Stock lehnt sie gegen die Tischplatte.
Sie droht ihm vergnügt mit der Faust. „Bleib ja stehen, feiger Kerl."
Roger füllt als ersten Omas Teller mit Hähnchenstücken und Salat.
„Oh, ich danke Ihnen." Sie schnuppert voller Appetit daran und erklärt mir: „Hmm, hat der Chef famost."
Ja, meine Oma macht gern Quatsch, das mag ich an ihr.
Auf einmal klappt sie mit dem Daumen ihr Obergebiss runter und rauf, so schnell, dass nur ich es bemerke.
„Alle da", murmelt sie, als meine sie ihre Zähne.
Ulkig. War das eben auch Quatsch?
Ich schaue meiner alten Omschi ins Gesicht. Es hat sich verändert, sieht schmaler, faltiger und müder aus. Ist ja auch schon ein ganzes Jahr her, dass ich sie gesehen habe. Irgendwie hat es nicht eher geklappt mit dem Besuchen. Aber geschrieben habe ich ihr öfter, und Lena hat viel mit ihr telefoniert.
Omschi ... Dieses Wort habe ich erfunden. Es bedeutet: Du gehörst zu den Menschen, die mir am wichtigsten sind.

3

Das Mollberggefühl

„Ruht euch erst ein bisschen aus, ich sorge gleich für Kaffee", ruft Roger nach dem Essen aus dem Küchenfenster.
Das ist mir sehr recht, denn ich bin noch nicht wirklich angekommen.
Zum Ankommen reichen mir nicht Umarmungen und leckeres Begrüßungsessen. Zuerst muss ich es ganz und gar in mir spüren. Vielleicht hört es sich ja komisch an, aber für manche Orte habe ich ein ganz besonderes Gefühl.
Hier bei Roger und Barbara ist es immer das Mollberggefühl. Das brauche ich, bevor ich mich gleich überzeuge, ob noch alles am selben Platz steht wie im letzten Jahr.
Dass es die Hängematte zwischen Apfel- und Kirschbaum noch gibt, sehe ich schon. In die hätte ich mich jetzt gern gelegt und auf das Mollberggefühl gewartet, aber da schaukelt Jona schon drin. Und auf der Hollywoodschaukel neben dem Geräteschuppen sitzen bereits Lena und Barbara.
Aber ich weiß einen anderen Ort, an dem ich auf das Mollberggefühl warten kann.

Ich stakse wie ein Storch in die Wiese hinter den weißen Häusern. Sie ist noch nicht gemäht. Die höchsten Gräser und Blumen reichen mir bis zum Po. Mittendrin strecke ich mich auf dem Rücken aus. Der Boden unter mir ist angenehm kühl. Auf meinen Bauch scheint warm die Sonne.

Ich blinzle nach oben. Mücken tanzen in der Luft. Der Himmel hat sein schönstes Sommerkleid angezogen: hellblau mit weißen Wolkentupfern. Um mich herum wippen Pflanzen und Blüten, deren Namen ich nicht kenne. Eine Hummel brummelt und lässt sich auf einer gelben Blüte nieder. Der Stil neigt sich unter ihrem Gewicht, und sie fliegt erschrocken auf.
Ich atme tief ein und atme langsam aus. Den Rhythmus dafür geben mir die wankenden Wiesenblumen.
Der Wind lässt alles um mich herum leise rascheln, und der Pflanzenduft steigt in meine Nase. Ein Aroma aus Blüten und Erde. Zum Glück habe ich keinen Heuschnupfen wie Jona.
Und jetzt muss ich die Augen schließen und auf die Wiesengeräusche lauschen.
Eine Grille zirpt ganz nah. Neben mir huschelt und wuschelt etwas, vielleicht eine Feldmaus. Eine Lerche zwitschert über mir. In der Ferne brummt ein Rasenmäher. Auf der Dorfstraße tuckert ein Trecker. Und irgendwo kräht ein Hahn.
Da kommt es angeschwebt. Ganz allmählich rieselt es in meinen Körper, das vertraute Mollberggefühl. Davon muss ich ein bisschen lachen.
Ob Lena für das Ankommen auch dieses besondere Gefühl braucht? Oder Jona?
Ich recke den Kopf über die Gräser.
Mein Bruder geht inzwischen kreuz und quer auf dem Hof spazieren und schaut in verschiedene Ecken. Er dreht den Wasserhahn für den Gartenschlauch auf, lässt ihn plätschern, dreht ihn wieder zu.
Vielleicht ist das seine Art, mit den Dingen vom Hof Wiedersehen zu feiern.
In Mollberg bin ich so gern. Hauptsächlich wegen Oma, die jeden Sommer hier verbringt. Und natürlich wegen Finn, der hoffentlich da ist.
Aber etwas stimmt nicht so ganz mit meiner Omschi. Diesmal ist sie mir fast ein wenig fremd. Sie lächelt, doch es wirkt wie von weit entfernt. So, als würde sie manchmal durch mich durchgucken.
Liegt das an ihrer Gehirnerschütterung, von der sie sich noch nicht ganz erholt hat?

„Lisann, bist du das da im Gras?", höre ich meine Mama.
Ich winke mit einem Bein, und Lena hockt sich zu mir.
Eine ganze Weile sagen wir nichts. Auf unserer Sommerwiese brauchen wir keine Worte zu wechseln. Die hat ihre eigene Sprache.
„Was ist mit Omschi?", frage ich schließlich. „Sie ist anders als sonst. Zum Beispiel sagt sie ulkige Wörter."
Lena schnappt seufzend nach Luft und betrachtet nachdenklich ihre Fingernägel. „Ihre Kopfverletzung hat ihr mehr zugesetzt als wir dachten. Der Schock hat sie anscheinend ziemlich durcheinander gebracht."
„Was sagen denn die Ärzte? Wann wird sich das bessern?"
„Man weiß nichts Genaues, aber ich hoffe doch, bald."
Ich setze mich aufrecht und versuche, im Gesicht meiner Mutter zu lesen, was sie denkt. „Glaubst du, sie wird überhaupt wieder ganz gesund?"
„Aber ja." Lena schiebt ihre Finger durch meine kurzen Haare. „Oma ist zäh wie eine alte Indianer-Squaw. Wir päppeln sie schon wieder auf. Und du hilfst mit. In Ordnung?"
„Das sowieso. Ich kann ja jeden Tag mit ihr spazieren gehen."
Auf meinem Arm entdecke ich eine Mücke. Klatsch! Zu spät, das Biest hat schon gestochen.
„Oma kann im Moment nur langsam gehen", fährt Lena fort. „Sie hat noch Gleichgewichtsstörungen. Da ist es gut, wenn jemand sie begleitet. Barbara hat Oma ja schon ein paar Tage hier, und die meint - - - ah, da kommt Roger mit dem Kaffeetablett!"
Ich muss lachen. „Barbara meint: Ah, da kommt Roger mit dem Kaffeetablett?"
„Ach Lisann, wir reden später darüber. Jetzt brauche ich erst mal Kaffee."
Wir stehen beide auf.
„Wo schlafen wir überhaupt?"
„Ihr Kinder? Ich nehme an, da drüben."
Lenas Arm deutet über die Wiese zu unseren Nachbarn. Bei denen steht ein großes weißes Rundzelt.

4

Sonjas Zeltzimmer

Ich habe es schon vorhin entdeckt, das helle Sommerzelt mit dem blau-gelben Flatterwimpel auf der Spitze. Es steht auf dem Rasen bei Susi und Pablo, den Freunden aus dem Nachbarhaus. Die beiden haben sich den ehemaligen Kuhstall als Wochenendwohnung ausgebaut. Sie sind riesig nett. Susi war früher Lenas beste Schulfreundin, und ihre Freundschaft hält noch heute. Deswegen klucken sie auch ständig zusammen.
Ihre Tochter Sonja ist genauso nett. Sie ist drei Jahre älter als ich, aber das lässt sie mich nie fühlen. Ich kann ohne Neid sagen, dass sie ziemlich klug ist. Klüger als wir alle zusammen. Außerdem ist sie meistens total gut drauf und steckt alle damit an.
„Hey, da seid ihr ja!", begrüßt sie uns, als Jona und ich uns bemerkbar machen. „Wie gefällt euch das Zelt? Meine Eltern haben es gestern aufgebaut. Das hättet ihr erleben sollen! Das kolossale Chaos."
„Gibt's für den Aufbau keine Beschreibung?", fragt Jona und schaut skeptisch nach oben in das Gerüst aus Aluminiumrohren.
„Doch. Die war aber zu kompliziert. Zweimal ist die Aufstellstange in der Mitte umgekippt, mitsamt Planen, wir unten drunter. Und dann diese Abspannleinen! Bis wir die mit den Heringen am Boden befestigt hatten - puh. Wir haben vier Stunden gebraucht, bis alles hielt."
„Cooles Zelt", bestätigt Jona. „Steht das hier für uns?"
„Nein, eigentlich für die Jungs aus Mamas Band. Die spielen in dreieinhalb Wochen auf dem Hof. Dann feiert Mama ihren Fünfzigsten."
Wir treten gebückt durch den halb aufgeschlagenen Stoffeingang. In-

nen wirkt das Zelt fantastisch groß wie ein Zimmer. Drei aufgeblasene Luftmatratzen liegen bereits am Boden. Von der Zeltdecke baumelt eine rote Glühbirne, und es gibt sogar einen CD-Player.
„Wir sollen hier als Versuchskaninchen kampieren. Vielleicht begraben uns ja die Planen beim nächsten Sturm", sagt Sonja grinsend. „Seid ihr trotzdem dabei? Dann holt eure Sachen."
Mein Bruder galoppiert sofort begeistert los.
Sonja hat sich mit ihrem Schlafsack eine aufgeblasene Doppelmatratze reserviert, und auf jeden Fall werde ich mich neben sie legen.
Aber wie der Blitz ist Jona zurück und wirft seine Reisesachen neben Sonjas Platz. Meine Luftmatratze zieht er dreist in Richtung Eingang. Ich protestiere, was ihn nicht im mindesten beeindruckt.
„Da kannst du nachts schnell raus, falls du musst", gibt er mir zu verstehen. „Oder graulst du dich vor Spinnen, Ratten, Mistkäfern und Kidnappern?"
„So'n Quatsch."
In Wahrheit hat er mich durchschaut. Außer Ungeziefer und Kindesentführern gibt es Mörder, Wildschweine, Vampire und tollwütige Füchse auf der Welt!
Ich schiebe meine Matratze an die hintere Zeltwand. Wegen des Ungeziefers, das sich garantiert mich aussucht, um darüber herzufallen, werde ich mit Socken, Schuhen und Mütze in meinen Schlafsack kriechen, so viel steht fest.
Mit etwas Glück kann ich Brunhilde einfangen und sie mit ins Bett nehmen. Ich mache mir aber wenig Hoffnung, denn sie ist eine Nachtkatze. Bleibt mir nur Koko, um mich zu beschützen. Das hat meine Stoffmaus schon getan, als ich ganz klein war. Kann ja sein, dass es hier noch funktioniert.

Soeben kommen Barbara und Lena mit Oma am Arm um das Haus und besuchen uns im Zelt.
„Wie gefällt euch eure Ferienwohnung?", fragt Barbara.
„Cool", sagt Jona.
„Kolossal", sagt Sonja.
„Stark", sage ich.
Wir drei reden zur selben Zeit und müssen darüber lachen.

Oma schaut sich interessiert um. „Wer wohnt denn hier?"
„Wir!" Jona wirft sich der Länge nach auf seinen Schlafsack. „Saugemütlich, oder?"
Sie rümpft die Nase. „Ich ziehe meine Konserve vor."
„Konserve?" Ich kichere. „Du bist lustig, Oma. Was soll denn ..."
Lena legt den Zeigefinger auf die Lippen, und ich rede nicht weiter.
„Hier riecht es wie im Haferstall", stellt Oma fest. „Ihr müsst mal ein Fenster aufmachen."
Jona sieht mich an, und wir verkneifen uns das Lachen.
Aber es stimmt, die Luft ist stickig, es stinkt nach Gummimatratze. Sonja klappt den Zelteingang auf, so weit es geht.
Ein angenehm frischer Luftstrom dringt herein. Wenn wir nicht erstinken wollen, sollte er auch heute Nacht offen bleiben. Dann muss ich mich allerdings damit abfinden, dass ich von wilden Tieren gefressen oder entführt werde ... Es wird aufregend!
Lena hat Brunhilde entdeckt, die auf Jonas Schlafsack döst.
„Die muss raus, Jona. Denk an deine Allergie. Bestimmt hat sie auch jede Menge Zecken."
Sie verpasst der Katze einen Schubs, die aber frech liegen bleibt. Beim zweiten Knuff steht Brunhilde unwillig auf und schleicht nach draußen.
Oma wackelt empört mit dem Kopf und schimpft Lena aus: „Lass das arme Tier! Komm zu mir, Mulleken."
Mitleidig läuft sie Brunhilde nach. Doch die zieht es vor, sich zwischen den Johannisbeersträuchern zu verkrümeln, und Oma mault ihr mürrisch nach.

Nachdem ich meine sämtlichen Sachen geholt und verstaut habe, gehe ich mit ihr im Garten spazieren. Das stimmt sie wieder friedlich.
Ich muss seufzen. Der erste Tag vergeht viel zu schnell. Jetzt schauen wir der Sonne zu, die wie eine zerquetschte Blutorange hinter den Hügeln versinkt.
„So eine weite Weile", sagt Oma andächtig.
Das passt gut zu der Abendstimmung, auch wenn ihre Sprache neuerdings etwas seltsam ist. Ich finde es schön, mit ihr die Landschaft und den flammenden Himmel zu betrachten.

Der führt uns ein Theaterstück auf. Schauspieler sind kleine schwarze Wolken, die wie bucklige Männlein auf feurigem Boden spazieren gehen.

Oma drückt meine Schulter. „Bleibt ihr denn zum Frühstück?"

„Na klar. Wir bleiben drei Wochen."

„Großartig", sagt sie und streichelt meinen Arm.

Wir stehen da, bis der Himmel nur noch aus roten Streifen auf türkisfarbenem Grund besteht.

„Na, ich muss ja dann morgen nach Hause", sagt Oma plötzlich.

„Nein, Omschi, erst in vier Wochen. Das ist noch lange hin."

„Wirklich?", fragt sie ungläubig.

Ich wundere mich. Oma ist doch jeden Sommer mehrere Wochen hier. Ob sie das vergessen hat?

Hinter mir höre ich Barbara und Lena leise reden. Sie sitzen mit Weingläsern am Gartentisch.

Ich spitze die Ohren. Im Gegensatz zu Omas hören meine scharf wie Luchsohren.

„... und mach dich darauf gefasst, dass es schlimmer geworden ist", verstehe ich Barbaras Flüsterton. „Sogar viel schlimmer."

„Liegt das an Muttis Kopfverletzung?"

„Wahrscheinlich. Ach, du wirst das schaffen. Unsere alte Dame ist pflegeleicht." Barbara hebt das Glas. „Hallo Mutti! Komm, stoß mit uns auf das Wiedersehen mit Lena an!"

„Aber immer doch." Erfreut geht Oma an ihrem Stock zum Tisch. Letztes Jahr hat sie den noch nicht benutzt. Vielleicht bleibt ihr Gleichgewicht durch den Unfall gestört? Ich werde Barbara fragen. Aber erst später, nicht in Omas Beisein.

„Lisann, komm auch zu uns!", ruft Barbara. „Hol dir Eistee aus dem Kühlschrank."

Wir lassen mit Oma die Gläser klirren, und ich höre sie glücklich auflachen.

Sonja taucht noch einmal bei uns auf, mit nackten Beinen, in ein Badetuch gewickelt.

„Wer kommt mit schwimmen?"

Da sind Jona und ich natürlich sofort dabei und ziehen Badesachen an.

Nur ein paar Schritte über die Dorfstraße - gleich dahinter liegt der Teich im alten Steinbruch.

Darauf freue ich mich schon: Jeden Tag ins Wasser zu springen, so oft ich will. Das ist Urlaubsluxus pur und entschädigt mich total für die verpasste Reise auf die große Insel im Atlantik.

Nach der langen Autofahrt ist unsere Wasserschlacht die reinste Wohltat. Wir bespritzen uns wie die Wilden. Aber nicht lange, denn gleich gibt es Abendessen. Macht nichts, morgen ist auch noch ein Tag.

5

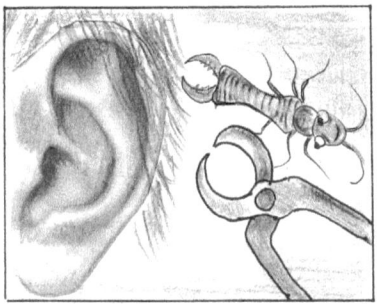

Eine Ferse zu viel

Den ganzen Abend spukt in meinem Kopf herum, was Barbara über Oma gesagt hat. Es sei viel schlimmer geworden ...
Was ist schlimmer geworden? Ich traue mich nicht zu fragen, denn ich habe ein ungutes Gefühl. Ich verschiebe es auf morgen.
Jetzt sehe ich mir erst noch mal meine Schlafmatratze an. Ist alles da, was ich für die Nacht benötige? Eine Mütze gegen Ohrenkneifer und Spinnen habe ich nicht mit. Aber ich werde vorher das Zelt gründlich nach ekligen Krabbeltieren absuchen.
„Zum Pieseln müsst ihr raus auf die Wiese oder zu uns ins Haus", holt mich Sonja aus meinen Gedanken.
Im Stockfinstern draußen im Gras hocken - uh, das stelle ich mir gruselig vor. Am besten trinke ich heute Abend nichts mehr.
„Lisann, wisst ihr schon, was ihr in den Ferien alles unternehmen werdet?", erkundigt sich Sonja.
„Wir haben keine Pläne, sonst müssten wir ja Oma allein lassen. Wenn ich daran denke, dass sie letztes Jahr noch mit uns im Zoo war, im Drehrestaurant auf dem Sendeturm und im Sommerkino ... solche Ausflüge wird sie diesmal nicht mitmachen können."
„Auf Ausflüge kann ich sowieso verzichten", betont Sonja. „Mir reicht Schwimmen, Nichtstun, Filmen und Fotografieren."
Lena hat eine Ferienregel eingeführt: auf dem Land kein Fernsehen, kein Computer. Unsere Handys und Smartphones sind nur im Notfall in Betrieb. Sie meint, sonst kommt uns der Sinn für die Natur und das einfache Landleben abhanden.

Mir macht das nichts aus. Bei Jona bin ich mir nicht sicher.
Im Zelt ist es jedenfalls auch ohne all diese Dinge gemütlich. Oder vielleicht gerade deshalb.
Inzwischen ist es ganz dunkel. Sonja hat die rote Lampe angeknipst und lässt leise Popmusik laufen.
„Rutscht zu mir rüber. Dann können wir uns besser unterhalten."
Jona und ich machen es uns auf ihrer breiten Matratze bequem. Er wälzt sich auf den Bauch und rückt nah an Sonjas Seite.
Ich strecke mich lang aus, und mir fällt Finn ein. Er wohnt das Jahr über mit seiner Mutter in Feldstadt, eine Autostunde entfernt. Seine Eltern sind geschieden, so wie Lena und Paul, mein Papa. Nur in den Sommerferien ist Finn längere Zeit in Mollberg bei seinem Vater, dem Herrn Hartmann aus der unteren Dorfstraße.
Am liebsten würde ich Sonja fragen, ob sie Finn schon gesehen hat. Aber da macht mein Herz sofort einen aufgeregten Hüpfer, und ich wage es nicht.
Wie könnte ich unauffällig herausfinden, ob er schon angereist ist?
Möglichst harmlos frage ich Sonja: „Und? Was gibt es Aktuelles im Dorf?"
„Keine Ahnung, ich bin ja auch erst ein paar Tage hier."
„Hat Finn euch noch nicht besucht? Der weiß doch immer, was los ist."
„Noch nicht." Sonjas Augen leuchten plötzlich auf wie blank poliert. „Soll ich euch erzählen, was ich in den Ferien vorhabe?" Sie lässt ihren Pferdeschwanz durch eine Hand gleiten. „Ich drehe einen eigenen Film."
„Cool", staunt Jona. „Mit was für Schauspielern?"
„Es wird ein Dokumentarfilm über Mollberg."
Fehlanzeige. Jetzt weiß ich immer noch nicht, ob Finn schon da ist.
Sonja überschlägt die Beine zum Lotossitz und setzt sich kerzengerade hin.
„Nach dem Abitur möchte ich die Filmakademie besuchen. Papa hat sich eine edle Digitalfilmkamera gekauft. Seine alte Videokamera funktioniert noch perfekt, damit darf ich schon mal experimentieren."
Sie packt sie aus einer schwarzen Tasche aus. Wir dürfen sie in die Hand nehmen und bewundern.

„Ich werde Finn fragen, ob er mir hilft. Der hat von Elektronik und Technik viel Ahnung."
Rumms. Hinter meine Rippen wälzt sich ein kiloschwerer Steinbrocken. Bei der Filmerei wollen sie mich garantiert nicht dabei haben. Außerdem, Finn ist ja inzwischen bereits ... vierzehn. Oder sogar fünfzehn? Natürlich wird er lieber bei Sonjas Film mitmachen, als mit mir wieder Steine sammeln!

Damit niemand merkt, wie enttäuscht ich bin, probiere ich auch den Lotossitz. Ich gucke ihn mir bei Sonja ab: Die rechte Ferse über den linken Oberschenkel ... die linke über den rechten.
Uh nee, meine Beine sind irgendwie verkehrt angewachsen. Jedenfalls ist die linke Ferse zu viel, die müsste ich erst mal absäbeln.
Aber egal, ob ich einen schicken Lotossitz hinkriege oder nicht. Der ist mir sowieso viel zu unbequem. Und deshalb strecke ich mich jetzt wieder bequem auf dem Rücken aus.

6

Wimpernklimpern für Finn

An Finn denke ich nicht länger.
Nein.
Doch.
Nein.
Ich will nicht an ihn denken!
In diesen Ferien schreibe ich ihn am besten total ab. Steine suchen! Ja klar hat das letztes Jahr Spaß gemacht. Wir haben unseren Fundstücken ulkige Namen gegeben, je nach Form oder Maserung. Hamsternasenstein. Brombeereiskugelstein. Nacktschneckenstein.
Zu meinem schönsten, dem mit den roten Pünktchen, haben wir Pünktchen-und-Anton-Stein gesagt.
Aber so was ist vorbei, ich wette, Sonja wird dafür sorgen. Und auf einmal finde ich sie nicht mehr nett.
Ich schnappe mir Brunhilde, die sich eingeschlichen hat, und setze sie auf meine Brust. Lena merkt es ja nicht. Mit den Fingerspitzen male ich Kreise auf das Katzenbäuchlein. Sie räkelt sich wohlig, und in ihrem Schlund springt ein kleiner Motor an.
„Brunhilde müsste Schnurri heißen. Kaum streichelt man sie, schnurrt sie los. Als sei an ihrem Hals ein Knopf, den man anknipsen kann."
„Pass auf, dass deine Oma nicht sauer wird", bemerkt Sonja. „Sie gönnt Brunhilde keinem anderen."
„Vielen Dank für deine Warnung, aber Oma liegt ja jetzt schon im Bett."

In Wirklichkeit ist Brunhilde gar keine Katze, sondern ein Kater. Gleich nach seiner Geburt hat Roger behauptet, das winzige Etwas sei eine Sie, das erkenne sogar ein Blinder. Als Brunhilde später hinten eine Hodenbommel bekam, hatten sich alle an den Mädchennamen gewöhnt. Auch der Kater.
Jona gähnt. „Spielen wir ein Spiel? Poker oder Kniffel?"
„Och nö. Wir können ja mal nachsehen, ob Finn schon da ist", schlägt Sonja vor.
Mein Herz setzt einen Schlag aus, dann hoppelt es weiter.
„Dieser Spinner? Der behandelt mich wie ein Windelpaket, geht allein", protestiert Jona.
„Ach, hab dich nicht so", drängt Sonja. „Los Jona, komm schon."
Ich glaube, Spinner hat mein Bruder bloß gesagt, weil er total auf Sonja steht und eifersüchtig ist.
Sie öffnet den Pferdeschwanz und bürstet mit Hingabe ihre seidigen Haarsträhnen. Da muss ich gar nicht lange raten, für wen. Für Jona jedenfalls nicht. Sie betrachtet sich in einem Handspiegel, zieht schwarze Lidstriche um ihre Augen und verteilt Lipgloss auf ihrem gespitzten Mund.
Im Spiegel lächelt sie sich ölig an und klimpert mit den Wimpern.
Ich verkneife mir eine abfällige Bemerkung, obwohl mir ihr Getue einen Stich versetzt.
„Jetzt zeig mir deine süße Fratze." Sie dreht mein Gesicht zu sich und grinst mich lieb an.
Mit Lidstrich und Blauschimmer veredelt sie auch meine Augen.
Als ich mich im Spiegel begutachte, schaut mich ein neues Gesicht an. Es gefällt mir überraschend gut, und ich klimpre auch mit den Wimpern. Aber auf keinen Fall für Finn!
„Jona, jetzt kommst du noch dran", droht Sonja ihm an.
„I-gihitt!" Er wälzt sich weg, als wolle sie ihm einen Kuhfladen ins Gesicht schmieren.
Ich habe absolut keine Lust mehr, Finn zu sehen ... aber auch Schiss, hier allein zu bleiben.
Also ziehe ich meine Espandrijs an.

Lautlos schlüpfen wir in den Garten. Es ist stockfinster, kein Mond,

kein Stern. Wind scheucht schwarze Wolkenschwaden über die Landschaft und pustet uns durch die Kleider.
Bei Sonjas Eltern flackert bläuliches Licht hinter einem Fenster. Dort gilt Lenas Hofregel nicht.
Keine Ahnung, wie spät es ist, bei Lena und Oma ist jedenfalls alles schon duster.
Wir tappen über den unbeleuchteten Vorgartenweg auf die Dorfstraße. Dort stehen die Laternen so weit auseinander, dass man uns in den Zwischenräumen für schwarze Nachtgespenster halten könnte.
In der oberen Dorfstraße gibt es außer unserem Hof nur zwei Wochenend-Blockhütten. Im Moment scheinen dort keine Besucher zu wohnen. Weiter unten endet die Dorfstraße an der Kirche.
Rund um den Kirchplatz stehen alte, hübsche Fachwerkhäuser.
Herr Hartmann wohnt in einem davon. Im Hof hinter seinem Haus hat er sich einen Werkstattschuppen eingerichtet. Letzten Sommer habe ich Barbaras Fahrrad hingebracht, damit er den Sattel repariert. Da habe ich gesehen, dass er dort auch alte Möbel aufarbeitet.
Schon von weitem ist Licht in seiner Wohnung zu erkennen und dass die Vorhänge nicht ganz zugezogen sind.
„Pscht." Sonja legt einen Finger an den Mund.
Wir Mädchen schleichen an eines der Wohnzimmerfenster, Jona bleibt im Hintergrund.
Ich muss mich auf die Zehenspitzen stellen, um durch den Gardinenspalt sehen zu können.
Vor Schreck schnappe ich nach Luft. Ganz nah, mit dem Rücken zu mir, sitzt Finn neben seinem Vater auf der Couch vorm Fernseher.
„Der sieht ja jetzt süß aus", flüstert Sonja, obwohl sie ihn nur von hinten sieht. „Er hat eine neue Frisur."
Genau das sehe ich gerade auch, und mir stockt der Atem. Das soll Finn sein? Dieser Außerirdische mit den dunklen Haarstoppeln und der aufrecht gestylten grünen Strähne? Ganz kurz zeigt er sein Gesicht im Profil. Es scheint kantiger und größer geworden. Und fremder.
Sonja seufzt. „Schade, heute kommt er bestimmt nicht mehr raus, die gucken einen Krimi."

„Und du hast dich ganz umsonst für ihn angepinselt," stichelt Jona, wofür Sonja ihm einen Kieselstein an den Kopf wirft.
Langsam hebt Finn die Beine, und nun schiebt er seine nackten Füße auf den Couchtisch.
Sonja unterdrückt ein Prusten, aber ich springe zurück auf die Straße. Mir ist es auf einmal megapeinlich, dass wir die beiden so klammheimlich beobachten. Außerdem bin ich ...
Ja, ich geb's zu, dass ich enttäuscht bin.

Wir schlendern zurück, doch Sonja kehrt nach ein paar Metern um, hebt eine Handvoll kleiner Steinchen auf und zielt damit gegen die Scheibe. Dann rennt sie hinter uns her.
Im sicheren Dunkel zwischen den Laternen warten wir ab, was passiert.
Aha, ein Oberkörper schiebt sich als Schattenriss aus dem Fenster. Wendet den Kopf nach allen Seiten. Schließt es wieder. Finn oder sein Vater? Nicht zu erkennen.
Ich fahre leicht zusammen und bleibe ganz still stehen, denn die Kirchturmuhr schlägt. Viermal hell. Zwölfmal tief. Ihre metallenen Glockentöne füllen groß und majestätisch die Nacht. Ja, genauso kommt es mir vor.
Mir wird ganz feierlich zumute. Auch als sie verstummen, scheinen die Töne noch die Luft zu füllen bis zu den Sternen.
Es gibt inzwischen ein großes Wolkenloch, durch das tatsächlich ein heller Stern und viele kleine Punkte leuchten!
Ganz sicher ist das ein Augenblick meines Lebens, den ich nicht vergessen werde.
Jona und Sonja scheint das auch zu beeindrucken. Jedenfalls reden sie kein Wort, als sie die Dorfstraße nach oben gehen.

Im Zelt bin ich froh, dass ich meinen Schlafsack bis unter die Nase ziehen kann. Ich fühle mich vor Müdigkeit bleischwer, und zum Glück fällt mir nichts ein, wovor ich Angst haben könnte.
Sonja unterhält sich noch eine Weile im Dunkeln mit meinem Bruder. Über irgendetwas gackern sie leise. Ab und zu verstehe ich FINN.
Ich versuche einzuschlafen. Doch eine grüne Antennensträhne und

riesig lange Beine auf einem Tisch gehen mir nicht aus dem Sinn und halten mich noch eine Weile wach. Hoffentlich träume ich trotzdem was Schönes. Denn was man in der ersten Urlaubsnacht im Traum erlebt, geht in Erfüllung. Das hat jedenfalls Oma mal gesagt.

7

Begegnung mit Wasserschlange

„Ihr seid bei uns zum Frühstück eingeladen."
Mit dieser Botschaft scheucht uns Sonja am nächsten Morgen aus dem Schlaf.
„Musst du uns mitten in der Nacht wecken", stöhnt Jona irgendwo in meiner Nähe.
„Nacht?" Sie lacht ihn aus. „Es ist zehn Uhr durch."
Ich blinzle auf eine helle Zimmerdecke, die leicht bebt. Wo befinde ich mich?
Da taucht Jonas Kopf aus seinem zerwühlten Schlafsack auf.
Ach ja, das Zelt ...
Eine Viertelstunde später sitzen wir bei Sonjas Eltern. Sie heißen Susi und Pablo. In ihrer Wohnküche lassen wir uns Müsli und selbst gebackenes Vollkornbrot schmecken.
Etwas später kommen auch Lena, Barbara und Roger mit Oma für ein zweites Frühstück dazu.
Barbara ist anscheinend wenig begeistert davon, dass Oma eine Frühaufwacherin ist. Schon um sieben Uhr darf sie ihr die erste Marmeladenstulle mit Kaffee servieren.
„Mahlzeit." Oma begrüßt jeden einzeln mit Handschlag.
„Guten Morgen, Irmchen", sagt Susi zu ihr, denn Oma heißt mit Vornamen Irma. „Hast du gut geschlafen?"
„Ich weiß gar nicht." Oma dreht den Kopf zu Barbara. „Habe ich gut geschlafen?"
„Geschnarcht hast du, dass die Tassen im Schrank rappeln."

Oma lacht verschmitzt. „Na, dann mal hoch die Tassen." Sie mustert uns Kinder und fragt Susi: „Ist das deine Rasselbande?"
„Nicht ganz." Susi erklärt ihr, dass nur Sonja ihr Nachwuchs ist und wir ihre Enkel Lisann und Jona sind.
„Na großartig." Oma nickt freundlich, aber ich habe das Gefühl, sie hat nicht richtig verstanden, wer zu wem gehört. Anscheinend ist sie noch nicht ganz ausgeschlafen.

Nach dem Frühstück ziehe ich meinen gelben Schwimmanzug an. Jona klettert in seine gestreiften Boxershorts. Sonja will mit uns in den Teich.
Das passt mir sowieso, ich habe ja noch nicht geduscht.
„Ah, uh, iiiiiih!" Auf der Wiese vor dem Zelt hopst sie plötzlich mit schrillen Affenschreien im Quadrat, denn Jona zielt mit dem Wasserstrahl des Gartenschlauchs auf sie.
Kreischend reißt sie ihm das Ding aus der Hand und geht zum Gegenangriff über. Die Dusche kommt aus der Tiefe des hofeigenen Brunnens. Sie ist so kalt, dass nun Jona wie ein singender Sioux-Indianer über die Wiese tanzt.
„Leute, unser Wasser ist kostbar!" Susi dreht den Hahn zu.
Sonja und Jona kugeln noch eine Weile eng umschlungen auf dem Rasen herum. Aber mit einem Mal schubst sie ihn weg und springt auf.
Ich stapfe schon mal ohne die beiden mit meinem Badetuch zum Steinbruch.
Den Teich hat Barbara unter Aufbietung all ihres Charmes der Gemeinde Mollberg abgeschwatzt, zu einem hohen Preis. So hat sie es erzählt. Sie ist stolz auf ihren Besitz, und der ist wirklich einmalig schön.
Der Steinbruch ähnelt einer großen, halb gefüllten Badewanne aus braunem und rötlichem Felsgestein. Über die oberen Ränder wachsen grüne Haare aus Büschen und niedrigen Kiefern.
Sein Wasser ist klar, sehr tief und nur etwas für sichere Schwimmer wie die Frösche, die im Schilf quaken. Mit denen können Jona und ich konkurrieren, seit Roger uns vor ein paar Jahren das Schwimmen beigebracht hat.

Mit drei Schritten bin ich am Ende des Stegs, der über den steinigen Boden sicher ins Wasser führt. Roger hat ihn gezimmert. An einem Pfahl ist das gelbe Schlauchboot mit den bunten Schwimmschlangen festgebunden. Als ich meine ersten Schwimmversuche unternommen habe, hat Roger sie mir um den Bauch gebunden.
Ich kneife die Augen zusammen: In der Mitte der Wasseroberfläche breiten sich Ringe aus. Bestimmt ist das Hansi, der nach Luft geschnappt hat.
Hansi ist der Familien-Karpfen. Eigentlich wollte Roger ihn vorletzte Weihnachten in den Kochtopf stecken. Doch Hansi hat Barbara so traurig aus der Badewanne angeglubscht, dass sie ihm die Freiheit geschenkt hat. Und deswegen hat es bloß Falschen Hasen gegeben.
Zuerst tunke ich einen Zeh ins Nasse. Huh, ziemlich kühl. Ich schaufle mich bis zum Bauchnabel nass, rutsche schnell vom Steg und schwimme bis zur Mitte. Dabei fällt mir ein, dass Hansi gern unter Bäuchen entlang streicht. Ein bisschen gruselig, Fischhaut fühlt sich glatt an wie geschliffenes Eis.
Im Moment ist er jedenfalls nicht zu entdecken. Obwohl … ein seltsames rundes Ding ragt vor mir auf. Ein winziger Kopf mit Augen! Der Kopf ist an einem langen - - Eine Schlange, Hilfe!
Ich schreie und paddle los, was das Zeug hält. Bloß schnell raus!
„Was treibt dich denn raus?", ruft Roger, der soeben mit nackten Füßen über die Dorfstraße stakst.
„Eine Wasserschlange!" Ich rette mich auf den Steg.
Er lacht über mich. „Hat sie dich gebissen?"
„Fast. Glaubst du mir nicht?"
„Doch", sagt er. „Du kannst dir was drauf einbilden, dass sich unsere Ringelnatter so nah zu dir gewagt hat. Sie ist sehr scheu. Schau mal genau auf die Mitte."
Da sehe ich ihr Köpfchen aus dem Wasser auftauchen und schäme mich ein bisschen.
Roger nimmt Anlauf und stürzt sich rein.
Ich schwimme noch eine Runde mit ihm, und als ich zum Steg zurück gleite, fühle ich am Bein ein kaltes Streicheln.
Hansi! Diesmal erschrecke ich nicht.

Lena bringt Oma zu uns raus und setzt sie auf einen Klappstuhl ans Ufer. Sich selber legt sie zum Sonnen auf den Steg.
Oma trägt ein helles, geblümtes Sommerkleid, weiße Söckchen, Sandalen und einen Sonnenhut mit breiter Krempe. Sie ist braun gebrannt und lächelt. Ich finde, mit ihren fast achtzig Jahren sieht sie noch richtig hübsch aus.
„Huhu, Omschi, guck mal!" Ich hangle mich auf den Steg und führe ihr einen Salto Blubberato vor. Da gurgelt man beim Auftauchen laute Blubberblasen.
„Na wunderbar!" Sie klatscht amüsiert.
Roger versucht auch einen Purzelbaum mitten im Wasser, versinkt aber wie ein Kartoffelsack und bleibt eine Weile verschwunden. Langsam taucht eine bleiche Insel auf: sein nackter Bauch. Seine Nase kommt zum Vorschein, und jetzt spuckt er eine Wasserfontäne.
Kaum ist er aus dem Wasser gestiegen, schließt er Lena in seine kalten, triefenden Arme.
„Du Miststück!" Kreischend windet sie sich los.
Oma droht mit ihrem Stock. „Spulen Sie das Mädel nicht nass!"
Über ihre komischen Worte muss Roger schallend lachen, und so nass und kalt er ist, umarmt er auch sie.
Oma kräht wie ein aufgescheuchtes Huhn und wehrt sich mit Händen und Füßen. Doch ihr Gekrächze geht bald in Gekicher über.
„Warte, alte Badehexe, gleich nehme ich dich mit ins Wasser", kündigt Roger an.
„Sie kann nicht schwimmen", stößt Lena erschrocken aus.
„Macht nichts. Wozu gibt es Schwimmflügel? Sag Barbara, sie soll Mutter einen Badeanzug bringen."
Dieses Schauspiel will sich die ganze Hofgemeinschaft ansehen.
Oma bekommt Barbaras schwarzen Badeanzug an, gelbe Schwimmflügelchen auf die Arme gesteckt und noch drei Zuschauer als Publikum. Roger hebt sie hoch und trägt sie vorsichtig in den Teich.
„Huch! Hilfe! Nein!", stößt sie aus, als sie ganz im kühlen Wasser gelandet ist.
Roger schwimmt rückwärts und zieht Oma, die auf dem Rücken liegt, hinter sich her.

Ganz allmählich wird sie ruhig. Sie reckt das Kinn übers Wasser und guckt so erstaunt, als entdecke sie ein neues Stückchen Welt. Ihre Hände und Füße paddeln automatisch, ihre Augen staunen.
„Nicht zu fassen", flüstert Barbara ergriffen. „Mutti hatte doch immer panische Angst vor Wasser! Zu Roger hat sie volles Vertrauen."
Bravo Omschi, sage ich im Stillen. Mit dir geschehen auf deine alten Tage echte Wunder!

8

Alle haben sich verändert

Als ich aus dem Wasser klettre, höre ich ein Mofa näher kommen. Vor Barbaras Gartentor verstummt der Motor.
Ich hülle mich in mein Badetuch.
„Hey Badenixe!", begrüßt mich Finn und grinst mich freudig an. „Sonja auch hier?"
Dass er sofort nach ihr fragt, versetzt mir einen Stich mitten ins Herz.
„Nee", antworte ich pampig. „Die wälzt sich mit Jona auf dem Rasen."
„Aha. Sonst noch was?" Sein Grinsen verschwindet.
Ich könnte mich ohrfeigen, denn eigentlich will ich es mir mit Finn nicht verderben. Aber es fällt mir schwer, meinen aufsteigenden Ärger zu unterdrücken.
„Kannst ja mal gucken, wo ich sie finde", fordert er mich auf.
„Guck doch selber", zische ich, sehe aber doch hinter den Häusern nach.
Sonja steht mit ihrer Filmkamera vor meinem Bruder und erklärt ihm, wie sie funktioniert.
„Finn ist da", teile ich mit.
„Finn?", quiekt sie. „Halt mal eben." Sie drückt Jona den Apparat in die Hand.
Da kommt Finn schon um die Ecke, und augenblicklich ist mein Bruder für Sonja abgeschrieben. Ihre Videokamera ebenfalls.
„Du musst dir unbedingt unser Zelt ansehen." Sie zieht Finn an der Hand durch den Eingang.

Jona sieht ihnen nach, seine Mundwinkel zucken. Dann blinzelt er angestrengt ins Objektiv und dreht sich damit um sich selbst. Ich glaube, er denkt dasselbe wie ich: Sobald Finn auftaucht, sind wir für Sonja Luft.
Das ärgert mich und Jona anscheinend auch.

Wir gehen zu uns rüber.
Jona stochert schlecht gelaunt mit einem Stöckchen in Barbaras Möhrenbeet und befördert einen langen, fetten Regenwurm an die frische Luft. Jedes Mal, wenn sich der Wurm wieder in der Erde vergraben will, schnippt Jona ihn mit dem Stock zurück.
„Gib mir den", sage ich, obwohl ich Regenwürmer nicht unbedingt gern anfasse.
„Was willst du damit?"
„Wirst du gleich sehen."
Ich habe bemerkt, dass Sonja ihre Turnschuhe vor dem Zelt ausgezogen hat, und schleiche mich an. Der Regenwurm wird es zwar schwer haben, sich da wieder rauszuwurmeln. Aber Sonja hat es nicht anders verdient.
In Barbaras Küche setze ich mich auf die Eckbank. Mir ist kalt. Ich ziehe die Beine an und lege den Kopf auf meine Knie.
Den Finn vom letzten Jahr gibt es nicht mehr. So bescheuert, wie der jetzt aussieht, kann ich ihn nicht mehr leiden. Diesen Möchtegern-Punk! Diesen langen, dürren Leuchtturm! Sonja soll schon mal eine Leiter holen, die will ja bestimmt mit dem knutschen.
Während ich Finn und Sonja in Gedanken schlecht mache, fühle ich mich selber schlecht. Zum Wegwerfen eklig fühle ich mich.
Als würde Brunhilde merken, dass ich etwas Tröstendes brauche, springt sie auf die Bank. Ich nehme sie auf den Schoß, und sofort schnurrt sie wohlig. Dass sie so schön warm und kuschelig ist, beruhigt mich ein bisschen.
Von draußen ertönt ein schriller Schrei.
Durch das Fenster sehe ich, wie Sonja entsetzt ihren Schuh ausschüttelt, und kichere vor mich hin. Volle Wirkung!

Stimmen kommen näher, die Tür geht auf. Barbara, Lena und Roger bringen Oma rein.
Kaum erblickt sie mich mit Brunhilde, wird ihr Blick krötig.
„Mulleken, wirst du da mal runter!" Sie wedelt mit den Händen und schubst Brunhilde von meinem Schoß.
„Was soll denn das!" Gereizt springe ich auf. „Brunhilde gehört dir nicht allein!"
„Nicht frech werden", schnauzt mich Oma an.
Dieses Mistvieh von Kater schmust jetzt wirklich um ihre Waden!
„Ja, bleib mal schön hier, mein Müschen", schmeichelt sie mit ihrer dunklen Stimme und schnappt sich das Vieh.
Ich nehme mein Badetuch und renne in die ungemähte Wiese. Mitten drin mache ich mich rund wie ein Igel und ziehe das Tuch über mich. Mein schönes Mollberggefühl ist mit einem Schlag futsch. Hier soll mich bloß keiner stören!

Natürlich tut Lena genau das. „Lisann? Lisa-hann!"
Sie weiß, dass ich gern in der Wiese sitze, und da steht sie auch schon vor mir.
„Lisann", sagt sie sanft, „Oma meint es nicht so."
„Sie ist verrückt geworden."
„Ist sie nicht. Sie ist krank."
„Und wo ist da der Unterschied?"
„Was ist mit dir los! Kann man mit dir normal reden oder nicht? Du wolltest doch wissen, was Barbara gesagt hat."
Ich zucke mit den Achseln.
„Barbara fürchtet, dass Oma inzwischen fortgeschritten dement ist. Weißt du, was das bedeutet?"
Lena streichelt meinen Rücken, und ich krieche langsam unter dem Tuch vor.
„Was denn ..."
„Dass sie vieles vergisst und durcheinander bringt."
„Deswegen braucht sie nicht so gemein zu sein."
„Es ist ihr nicht bewusst, glaub mir", sagt Lena.
„Und wann geht das wieder weg?"

„Wissen wir nicht. Im Moment müssen wir geduldig mit ihr sein. Sie kann nichts dafür."

„Alle haben sich verändert", jammre ich. „Sonja, Oma ..."

„Und Finn, ich weiß", ergänzt Lena und strubbelt mir durchs Haar. „Warte mal ab. Er ist noch keine halbe Stunde hier, und schon siehst du alles schwarz. Ihr versteht euch bestimmt wieder genauso gut wie letztes Jahr."

„Mir doch egal. Der kann mir gestohlen bleiben!"

Aber Lena schüttelt spöttisch lächelnd den Kopf. Sie glaubt mir kein bisschen.

9

Oma zählt Schwalben

Ein ruhiger Faulenz-Nachmittag ist angesagt.
Am Gartentisch rascheln Barbara und Roger mit einer Zeitung, die sie sich teilen. Oma ruht sich auf einem Gartenstuhl aus. Sonja hat sich zwischen Jona und Finn auf die Hollywoodschaukel gequetscht. Sie dösen in die Sonne.
Und wo steckt Lena? Bestimmt mal wieder auf einen Plausch bei Susi.
Ich versuche vergeblich, in der Hängematte mein Buch zu lesen. Ständig wandern meine Gedanken woanders hin. Genau genommen zu Finn. Ob ich will oder nicht.
„Das Wetter schlägt wohl bald um", sagt Barbara und hüllt Oma gegen den aufkommenden Wind in eine Decke.
Brunhilde rollt sich auf Omas Bauch zusammen. Ihre kleine Hand mit den dunklen Flecken, den vielen Runzeln und vorstehenden Adern streicht sacht über ihr Fell.
„Mulleken", sagt sie zärtlich. „Ja, ja, mein kleines Hündchen."
Dann schaut sie eine Weile den schnell dahinziehenden grauen Wolken zu, wie sie sich immer wieder verformen. Mal zieht ein kleiner Elefant vorbei, der bald einem Riesenkopf mit langer Nase ähnelt. Mal ist es eine Gans mit langem Hals, aus der allmählich eine Giraffe wird.
Ob Oma denselben Verwandlungszoo sieht wie ich?
Plötzlich reckt sie den Zeigefinger in den Himmel und zählt: „Eins, zwei, drei, vier, fünf. Da fliegen die Flögen."

„Ja, die fliegen tief, es gibt vielleicht ein Unwetter. Deine Flögen sind übrigens Schwalben, werte Schwiegermama", betont Roger grinsend.
„Mach dich nur lustig über sie", weist ihn Barbara zurecht. „Du hast dich wohl noch nie versprochen?"
„Na sicher doch", antwortet er leise. „Aber ihre Versprecher sind doch originell. Da darf man wohl mal drüber lachen. Oder etwa nicht?"
Barbara atmet nur laut hörbar ein und aus.
Roger hat recht: Schmutzige Wolkenpakete ziehen heran, und bald grummelt es entfernt über der Landschaft. Die ersten Regentropfen scheuchen alle in die Häuser - Jona und Finn rennen mit Sonja in deren Wohnküche.

Für ihren Mittagsschlaf zieht Oma in ihr Bett um. Lena hilft ihr beim Ausziehen und in ihr langes Nachtgewand.
Ich setze mich an den Küchentisch, um eine Ansichtskarte an meine Schulfreundin Alina zu schreiben.
Als Barbara anfängt, Gläser und Tassen zu spülen, greift sich Roger ein Geschirrtuch.
Barbara nimmt es ihm aus der Hand. „Du weißt doch, das ist Mutters Aufgabe. Sie darf nicht das Gefühl bekommen, niemand braucht sie mehr. So durcheinander ist sie nicht, dass sie nicht abtrocknen kann."
„Warum reagierst du so gereizt?", erwidert Roger. „Gib zu, ziemlich schusselig ist sie jedenfalls geworden."
„Trotzdem aber lieb", betone ich.
„Hat einer behauptet, sie ist nicht lieb?", brummelt mein Onkel.
Plötzlich schnappt er sich Barbara und küsst sie auf die Nasenspitze. „Jetzt guck nicht so mucksch, mein Schnuckelchen. So ähnelst du deiner Mutter, wenn sie biestig ist."
Barbara windet sich los und guckt erst recht mucksch.
Ich beiße kleine Dellen in meinen Kugelschreiber. Die Hälfte meiner Postkarte ist noch leer, meine Schreiblaune verflogen.
Ich weiß nicht, was ich denken soll. Gerade habe ich mich über Oma geärgert, jetzt tut sie mir Leid, weil Roger sie kritisiert.
Dabei stimmt es. Sie benimmt sich in letzter Zeit merkwürdig und

sagt Wörter, die es gar nicht gibt. Aber ich weiß ja jetzt von Lena, dass Oma ... was war das noch? Dass Oma dement ist.
Ob das eine bösartige Krankheit ist? Oder geht sie vorbei wie Grippe und Durchfall? Bis jetzt finde ich es nicht schlimm, dass Oma sie hat. Was sie sagt, klingt manchmal total lustig. Und wenn sie verwirrt ist oder etwas nicht versteht und darum in den falschen Hals kriegt, vergisst sie es ja meistens im nächsten Moment.

Roger steigt in seine Gummistiefel und teilt mit, Regenwetter sei bestens dazu geeignet, verwahrloste Geräteschuppen auszumisten.
Barbara zieht Schuhe und Söckchen aus und schnappt sich einen Schirm.
„Ich muss unbedingt nochmal mit Lena reden. Lisann, falls Oma wach wird, gib ihr bitte Tee. Alte Leute müssen immer genug trinken."
„Verschrumpeln sie sonst zu schnell?"
„Genau."
Barfuß rennt sie durch die Pfützen zum Nachbarhaus, wo sich Lena schon seit zwei Stunden aufhält. Ich weiß, mit Susi wälzt meine Mama Liebesprobleme. Sie hat nämlich welche. Mit Armin. Das habe ich längst mitgekriegt, so oft, wie die sich beide in der Wolle haben!
Ich starre eine Weile aus dem Küchenfenster in den Regen und seufze. Nicht nur Oma verhält sich in diesem Urlaub anders als früher. Die ganze Atmosphäre auf dem Hof hat sich verändert. Es geht unruhiger zu. Irgendwie nervöser, denn immerzu hat irgendwer irgendwas mit irgendwem zu besprechen.
Brunhilde springt aufs Fensterbrett. Sie stiert auch nach draußen und klopft mit der Schwanzspitze den Takt zur Regenmusik.

Die Welt da draußen versinkt allmählich in Düsternis. Es ist so dunkel, dass ich das Licht anknipsen muss. Eine Bö peitscht Birkenzweige gegen die Fensterscheibe, dicke Tropfen trommeln ihr dumpfes Lied dazu. In der Ferne flackern Leuchtfeuer auf. Ich hoffe, das Gewitter bleibt da, wo es sich gerade mit fernem Grollen austobt.
Nein, das rollt näher, und nach einer Weile blitzt und kracht es auch bei uns heftig.

Es macht mir Angst. Wenn gleich ein Blitz ins Dach einschlägt? In früheren Zeiten zogen die Bewohner vor einem Gewitter ihre Kleider an, damit sie schnell das Haus verlassen konnten. Sogar mitten in der Nacht, denn im Nu konnte der Dachstuhl brennen.
Jetzt bin ich verantwortlich für Oma, die ausgezogen im Bett liegt. Ich werde sie ganz allein, ganz schnell retten müssen, falls es wirklich - -
Ein riesiger Feuerzacken flammt auf, fast gleichzeitig donnert es ohrenbetäubend über dem Hof. Für ein paar Sekunden geht das Licht aus, dann ist es wieder hell in der Küche.
Mit einem Satz hat Brunhilde ihren Aussichtsplatz verlassen und verkriecht sich unter der Sitzbank.
Mein Herz beginnt zu rasen. Ich halte mir die Ohren zu und kneife die Augen bis zum nächsten Donnerschlag zusammen. Auf dem Hof leben so viele Leute, aber wenn man jemanden braucht, ist bloß der blöde Kater da!
Und auf einmal steht Oma auf Söckchen in der Tür. Sie hat sich angezogen, allerdings ihre Bluse links rum und nicht zugeknöpft.
Mit ängstlich aufgerissenen Augen sieht sie mich an. „Was poltert denn da?"
„Nur ein Gewitter, Omschi."
„Und wo sind meine Leute?"
„Barbara und Lena sind drüben bei Susi. Und Roger ist im Schuppen. Setz dich her. Möchtest du Tee trinken?"
Ich gieße ihr eine Tasse voll.
Es rumpelt weiter, der Himmel schickt einen zornigen Feuerzacken nach dem anderen zur Erde. Ich hoffe inbrünstig, Barbara und Roger kommen gleich zurück! Aber inzwischen schütten die Wolken ganze Wasserwannen aus, da hat sich jeder irgendwo im Trockenen verkrochen.
Mit sorgenvoller Miene beobachtet Oma, wie der Wind den Regen gegen die Scheiben klatschen lässt. Ich setze ihr Brunhilde auf den Schoß, die springt aber gleich runter und kauert sich unter den Tisch.
„Dann eben nicht, dummes Luder", brummt Oma.

10

Mensch ärgere dich nicht

Ich erinnere Oma an den Tee. Sie nippt daran.
Dann stellt sie die Tasse ab, beugt sich zu mir und flüstert mir ins Ohr: „Sag mir doch mal: Wieso werde ich hier festgehalten?"
„Wie meinst du das, Oma - wer hält dich hier fest?"
„Die lassen mich nicht weg."
Ich beruhige sie: „Ach Omschi, keiner hält dich fest. Höchstens ich, damit du nicht hinfällst."
Oma umfasst ihren Gehstock und steht auf. „Ich muss nach Hause, die warten doch auf mich."
„Nein, du machst bei Barbara und Roger Urlaub. Du musst jetzt nicht nach Hause."
„Und warum lassen die sich nicht blicken?"
„Sie kommen wieder, wenn das Gewitter aufhört."
Mürrisch setzt sich Oma hin. Ich schiebe die Tasse näher zu ihr, doch sie rückt sie so energisch weg, dass der Tee überschwappt.

Zum Glück kommt Roger gerade ins Haus.
„Brrr, das schüttet ja wie aus Kübeln." Er rückt sein Gesicht dicht vor das seiner Schwiegermutter. „Na du mürrische Knauselhexe, was ist dir für 'ne Laus über die Leber gelaufen?"
„Ich muss nach Hause", wiederholt Oma vorwurfsvoll und hebt den Po von der Bank. „Hier kümmert sich ja keiner um einen."
Roger stößt ein überraschtes Lachen aus und drückt Oma sacht auf ihren Stuhl zurück.

Zwischen Blitz und Donnergrollen prägt er ihr noch mal ein, dass sie sich hier in Mollberg erholen darf. Dass er mit Barbara morgen verreisen muss, Lena aber inzwischen wunderbar für sie sorgen wird.
„Eine Menge Leute bleiben bei dir", sagt er. „Lena, Lisann, Jona, Susi, Pablo, Sonja. Und natürlich Brunhilde. Alle werden sich um dich kümmern. Ist das ein Service?"
Oma sieht ihn zweifelnd an. „Wenn das mal stimmt."
„Ehrenwort." Er zieht sie an sich und drückt sie lieb. „So, und jetzt lach mal wieder."
Sie knurrt nur unwillig.
„He, lachen sollst du, Schwiegermama!"
Tief beleidigt streckt sie ihm die Zunge raus.
Da schnappt sich Roger ihren Stock und kitzelt sie damit am Bauch.
„Gib her", faucht sie. „Lass das, du Lump!"
Roger albert weiter mit dem Stock, und Oma grapscht danach, ohne ihn zu erwischen.
„Ich hau dir eine runter!", droht sie aufgebracht.
„Na, los doch!" Er legt den Stock auf den Tisch und hält ihr seine Backe hin.
Omas Hand zuckt, als wolle sie ihm wirklich eine kleben, hält aber plötzlich inne und streichelt Roger sacht über die Wange.
„Elender Hefalump", sagt sie schelmisch.
Doch richtig versöhnt ist sie nicht. Ihre Mundwinkel hängen bald wieder gekränkt runter.

Ich hole das Mensch-ärgere-dich-nicht-Spiel aus dem Regal. Damit kann ich Oma vielleicht aufmuntern.
„Spielen wir?" Ich klappre mit dem Karton.
„Ach, spiel mal alleine …"
Ich packe die Spielfiguren aus. „Welche Farbe?"
„Weiß nicht." Sie dreht verächtlich den Kopf weg.
Nach ein paar Sekunden schielt sie auf die Holzmännchen. Guckt weg und wieder hin. Und tippt kurz auf Gelb.
„Und du, Roger?"
„Grün. Grün ist die Hoffnung."
Nachdem ich das Spiel aufgebaut habe, darf Oma anfangen mit

Würfeln. Sie nimmt den Würfelbecher, rüttelt ihn emsig und lässt den Würfel rollen.

„Sechs! Alles in Butter."

Nach diesem Glückswurf ist sie voll bei der Sache. Ihre zierlichen Hände mit den schmalen, faltigen Fingern zittern ein bisschen, als sie ihr gelbes Figürchen vorwärts hüpfen lässt.

In der nächsten Runde würfelt sie eine Fünf, setzt ihre Figur aber nur drei Kreise vorwärts.

„Du darfst noch zwei weiter rutschen", sage ich.

Sie droht mir mit dem Finger. „Nicht schummeln, Rosemarie."

Aha, heute heiße ich Rosemarie.

Und jetzt schummle ich wirklich, mit Roger um die Wette, damit Oma gewinnt. Sie macht nämlich lauter Fehler, zählt falsch ab und schmeißt sich selber raus. Darüber muss ich kichern, und Oma kichert mit. Sie merkt gar nichts von ihren Fehlern! Es ist so, als spielten wir mit einem kleinen Kind.

Das macht mich plötzlich traurig. Jetzt sehe ich deutlich, wie sehr sie sich verändert hat. In nur einem Jahr!

Als ich von ihr rausgeworfen werde, wo es gar nicht sein muss, will ich protestieren. Doch ihr Gesicht strahlt vor Schadenfreude, und da halte ich den Mund.

Nach der letzten Runde nehme ich sie in den Arm. „Toll Omschi, du hast haushoch gewonnen."

„Aber so was mach ich doch gar nicht", antwortet sie und lacht mich pfiffig an.

11

Küchenplünderung

Früh am Morgen packt Roger sein Auto randvoll. Sie konnten keinen Flug buchen, weil sie zu viel Gepäck mitnehmen müssen und alle möglichen Sachen für ihren Job.
„So, ich hoffe, wir haben nichts vergessen."
Ein letztes Mal stiefelt Roger um seinen Wagen und begutachtet, ob alles sicher untergebracht ist. Es ist soweit, er bricht mit Barbara nach Portugal auf. Sie leiten dort ein Antistress-Seminar für Leute, die sich nicht länger über ihre blöden Chefs ärgern wollen. Drei Wochen bleiben sie weg.
Statt mit entspanntem Urlaubsgesicht setzt sich Barbara mit gequälter Miene hinters Steuer. Wegen Oma fällt es ihr nicht leicht, abzureisen.
Ihre Sorge kann ich gut verstehen. Die letzten Tage haben ja gezeigt, dass man sehr gut auf Oma aufpassen muss. Wir Kinder, Lena und auch Susi müssen hoch und heilig versprechen, sie nicht aus den Augen zu lassen.
Meine Mama, die nun überwiegend allein mit ihr zurechtkommen muss, faltet die Stirn in Ziehharmonikafalten. Ich sehe ihr an, dass sie am liebsten mitfahren würde und hake mich bei ihr unter.
„Ist doch alles nicht so schlimm. Ich gehe jeden Tag mit Oma spazieren und spiele mit ihr Mensch ärgere dich nicht, versprochen. Ich klappe ihr die Liege im Schatten auf und setze ihr Brunhilde auf den Bauch. Und schwimmen gehe ich auch mit ihr."
„Untersteh dich! Auf keinen Fall geht ihr Kinder mit Oma ins Wasser, das ist viel zu gefährlich. Verstanden?"

Als mein Onkel und meine Tante losfahren, winkt die ganze Hofgesellschaft, bis der Wagen hinter der rosaroten Kirche verschwunden ist.

Danach will Sonja mit Jona und mir ihre Filmidee besprechen. Wir dürfen also doch mitmachen? Hätte ich nicht vermutet.
Dazu breiten wir Decken auf der Wiese neben dem Zelt aus und verteilen zur Stärkung Getränke und Kekse.
Als habe Finn das gerochen, biegt er wie auf Bestellung um die Ecke.
„Macht ihr Picknick?" Er begrüßt Sonja und Jona mit Faustknuff.
„Kleine Leute übersieht man", mache ich mich bemerkbar.
Wutsch, geigt seine Hand durch meinen Kurzhaarschnitt.
Na immerhin ...
Sonja wirft mit Schwung ihre langen Haarsträhnen über die Schultern. Sie ist im Gesicht pfirsichrot angelaufen. Merkt ja ein Blinder, wie verknallt sie ist!
Mir würde das nicht im Traum passieren. Ich meine, mich zu verknallen. So wie Finn jetzt aussieht? Dürr und lang wie ein Aal! Er überragt Jona fast schon um einen Kopf. Und dann dieses grüne Schnittlauchbeet auf dem Kopf ...
Sonja sprudelt ihm natürlich sofort alles von ihrem Filmprojekt vor.
„Finn, du musst unbedingt auch eine Rolle spielen. Du tust mir doch den Gefallen?"
„Was für 'ne Rolle?"
„Zum Beispiel einen Reporter. Du interviewst alle möglichen Dorfleute. Am besten zuerst deinen Vater."
„Danke, kein Bedarf."
„Schade. Also, wenn du nicht mitspielen willst, könntest du ja auf deiner Gitarre den passenden Sound liefern."
„E-Bass", verbessert Finn. „Vergiss es. Bass als Filmmusik ist Käse."
Sonja sieht ihn ratlos an. „Musik brauchen wir trotzdem."
„Lisann kann Flöte", sagt Jona.
So ein Idiot! Das ist doch voll peinlich!
Obwohl es ja wahr ist und ich mir einbilde, sehr musikalisch zu sein. Jede noch so komplizierte Melodie kann ich aus dem Kopf, nur nach Gehör, ohne Noten. Sogar ganz schwierige Tonsprünge, Triller und

alles, was ich mir gerade ausdenke. Meine C-Flöte hat einen tollen Klang, ich liebe sie.

Aber ich verstehe, warum Finn bloß verächtlich einen Mundwinkel hochzieht. „Blockflöte und Bass - sonst noch was? Warum lasst ihr keine CD laufen?"

„Ich finde es halt echter, wenn wir von A bis Z alles selber produzieren", erklärt Sonja.

So sehr wir auch überlegen - außer meiner Blockflöte ist nirgends ein Instrument aufzutreiben. Und erst recht kein weiterer, der eins spielt. Roger besitzt zwar eine Trompete, aber die kann nur verstopft furzen.

Blitzartig erinnert sich Jona an eine Fernsehsendung.

„Ich habe mal eine witzige Band gesehen. Einer der Jungs hat auf Weingläsern Vibraphon gespielt, später in Flaschen geblasen. Ein anderer prügelte auf einem Schlagzeug aus Deckeln, Plastikschüsseln, Schneebesen und Eimern rum. Echt cool. Da war noch einer, der hat Geräusche mit Pergamentpapier und geriffelter Pappe gemacht. Völlig abgefahren, aber das klang wie auf echten Instrumenten."

„Kochtopf-Schlagzeug-Gläser-Vibraphon?" Ich springe auf. „Los, sofort ausprobieren!"

Jona, Sonja und ich stürmen zu Lena, die gerade am Küchentisch ihre Fußnägel schwarz lackiert.

Sie guckt, als würde sie von einer Horde wilder Affen überfallen.

Ich reiße den Geschirrschrank auf und fange an, ihn zu plündern.

„Halt!", schreit Lena. „Bist du komplett übergeschnappt?"

Als wir erklären, was wir vorhaben, gibt sie zwar nach, doch begeistert ist sie nicht im mindesten.

Wir stellen einiges Geschirr auf den Tisch, womit sich Töne erzeugen lassen: Teller, Gläser, Töpfe, Bratpfannen, Bestecke und Deckel.

Mitten in das Geschirrchaos bringt Susi eine Kuchenplatte voll selbst gebackener Mohnschnecken.

„Plant ihr einen bewaffneten Überfall, oder was habt ihr mit den Quirlen und Schneebesen vor?"

Sie ist von unserem Vorhaben sofort Feuer und Flamme. Mit Susi ist

es nämlich so: Jeder Gegenstand, der einen Klang von sich gibt, versetzt sie in helles Entzücken. Von Beruf ist sie Musiklehrerin, Sängerin und Leiterin einer Amateurband. Sie hat eine tolle, hohe Stimme. Meistens singt sie Jazz, zu besonderen Anlässen aber auch schöne Lieder zur Orgel in der Mollberger Kirche.
Susi stellt den Kuchen ab und schlägt vor, erst mal im Garten gemütlich Kaffee zu trinken.
„Wenn ihr Musik auf Tellern und Töpfen machen wollt, dann aber bitte richtig", sagt sie.
„Was meinst du mit richtig?"
„Dass es sich auch wirklich toll anhört. Ich biete mich an, euch in eine Küchen-Combo zu verwandeln."
Als Finn von den Mohnschnecken hört, ist er voll dabei. Im Garten, unter dem Nussbaum, mapft er drei hintereinander. Aber als wir danach die Küchen-Combo gründen wollen, grinst er mitleidig.
„Ihr seid nicht zufällig plem plem? Viel Spaß, ich geh dann mal."
„Spielverderber", faucht Sonja und streckt ihm hinter dem Rücken die Zunge raus.

12

E-Bass mit C-Flöte

Für den ersten Küchen-Combo-Versuch stellen Susi und Pablo eine mit Gerümpel vollgestopfte Scheune zur Verfügung, die an ihr Haus grenzt.
In einer frei geräumten Ecke stehen alte Gartenstühle und ein Hocker um einen grünen Klapptisch, wo man bei schlechtem Wetter sitzen kann.
Alles Mitgebrachte verteilen wir darauf.
Unter den Balken und Dachziegeln staut sich die Hitze. Es kommt mir doppelt so heiß vor wie im Garten.
„Puh, nicht zum Aushalten", stöhnt auch Pablo.
Er öffnet vorn und hinten die Torflügel, sodass ein Durchzug die stickige Luft ins Freie zieht.
Tapfer lege ich meine C-Flöte zu den Kochtopfdeckeln und anderen Sachen aus der Küche.
„Cooles Tonstudio", lästert Jona. „Jetzt lassen wir die Ratten, Spinnen und Mäuse Hiphop tanzen!"
Wie bekloppt hämmert er sofort mit einem Kochlöffel und einem Schneebesen auf einem umgedrehten Blechtopf rum.
Susi hält sich die Ohren zu. „Wenn du damit die Mücken vertreiben kannst, okay. Aber mir ist es lieber, wir üben zusammen ein paar Rhythmen. Lasst uns mal ausprobieren, was unsere exotischen Klangkörper alles hergeben."
Wenn ich es richtig verstehe, meint unsere Musikexpertin mit exotischen Klangkörpern Töpfe, Pfannen, Eimer & Co. Bin gespannt, was gleich dabei rauskommt.

Sie setzt sich auf den Hocker, klemmt sich einen umgedrehten Plastikeimer zwischen die Beine und lässt ihre Fingernägel darauf trippeln.
Es verursacht ein leises, dumpfes Regentropfengeräusch.
Nun klopft sie etwas stärker einen Rhythmus, in dem wie Stolpersteine zwei kleine unerwartete Hüpfer vorkommen.
Als brave Schüler klatschen wir das nach, bis es ohne Verhaspeln klappt - erst leise, danach in voller Lautstärke.
Susi lässt uns verschiedene Klatschmuster nachahmen, die immer schwieriger werden. Wir passen auf, uns nicht zu verheddern, aber immer wieder gibt es Kuddelmuddel, und wir lachen uns kaputt.
Aber Susi nimmt unsere Unterrichtsstunde so ernst wie eine echte Lehrerin. Und bald hört sich unser Geklopfe und Geklirr gar nicht mehr durcheinander an.

Auf einmal ist wie zufällig Finn wieder da. Und was schleppt er mit? Tatsächlich seinen E-Bass, einen Verstärker und ein Mikrofon!
Sonja flippt vor Begeisterung fast aus. „Kolossal, wusste ich's doch!"
Er lässt uns sein Instrument ausgiebig bewundern. Es ist schwarzweiß und glänzend geschwungen, hat vier laaaange Saiten an einem laaaangen Hals und oben an einer Kopfseite vier große Knöpfe zum Stimmen.
„Hast du alles eingestöpselt? Dann zeig, was dein Bass drauf hat", sagt Sonja, nachdem Finn mit Kabeln um sich geworfen, das Mikrofon installiert und den Verstärker eingeschaltet hat.
Finn zieht alle Register von Gewitterdonnern bis Gespensterwimmern, Kreischen und Fietschen. Die Finger seiner linken Hand flitzen die Saiten auf und ab, die der anderen Hand zupfen, reißen, rutschen und wischen.
Die Scheune dröhnt.
„Äußerst eindrucksvoll", urteilt Susi. „Jetzt bitte was Langsames, Finn. Improvisiere eine richtige Melodie."
„Kann ich nicht."
„Doch, kannst du. Lass deine Finger rauf und runter spazieren, als ob Leute über einen türkischen Bazar schlendern."
Na bitte, da spazieren sie schon, die Marktleute. Susi spaziert mit, das heißt, sie fängt an zu singen. Ohne Worte. Klingt toll!

Wir sind beeindruckt.

„Lisann, jetzt spiel auf deiner Flöte so ähnlich, wie ich singe."

Ich will auch sagen: Kann ich nicht, verkneife es mir aber.

Zu meiner Verwunderung finde ich schnell die richtigen Töne und spiele in einer Art Kanon nach, wie Susi singt, und zwar sehr biegsam.

Ha, wusste ich bisher nicht, dass meine Flöte so was hergibt!

Finn nickt anerkennend. „Guck einer das Lisannchen. Ich dachte immer, Flöten sind Tröten. Muss ich zurücknehmen."

Jona setzt die vorhin geübte Rhythmik mittels Löffel, Schneebesen und Putzeimer ein, diesmal ohne Faxen. Wir spielen Schlangenbeschwörungs-Sphären-Musik, brechen in Lachen aus, fangen von vorn an, machen immer neue Versuche, bis sich eine Passage wirklich toll anhört.

Sonja stößt verzückt aus: „Dass müssen wir sofort aufnehmen, das ist genial!"

Wir scharen uns um das Mikro und legen noch einmal los.

Unsere seltsame Musik hat Oma angelockt. Auf ihren Stock gestützt, mit schief gelegtem Kopf, lugt sie fröhlich in die Scheune.

Wir probieren immer neue Sachen aus. Aber bald bringt uns ein Klopfen aus dem Takt, das in lautes Poltern übergeht. Oma macht mit, indem sie vergnügt mit dem Stock gegen das Holztor schlägt. Völlig unrhythmisch.

„Oh neiiiin, jetzt hat sie die ganze Aufnahme versaut", schimpft Sonja und schaltet das Mikrofon aus.

Susi klärt Oma freundlich auf: „Irmchen, die Kinder machen hier eine Musikaufnahme. Hör bitte auf, mit deinem Stock zu klopfen."

Oma sieht ihren Stock erstaunt an. „Meinen Sie den?"

Ich hebe zwei Teller, die als Instrumente überzählig sind, von einem Stuhl. „Setz dich hier hin, Oma. Wir spielen dir was vor."

Sie starrt auf das Porzellan in meiner Hand. „Wer hat dir erlaubt, meine Teller zu malen?"

Mit der freien Hand will sie sie mir aus der Hand nehmen, doch sie rutschen weg und zerbrechen am Boden.

Ehe ich nur Piep sagen kann, knallt sie mir eine. „Da siehst du's mal, freches Ding!"

„Du alte, gehässige Spielverderberin!" Ich fasse erschrocken an meine Backe.
Oma sieht streng in die Runde. „Was habt ihr hier überhaupt verloren?"
„Aber Irmchen", sagt Susi sanft. „Ich habe die Kinder eingeladen. Wir machen Musik."
„Krach macht ihr", schnauzt Oma sie an.
„Ist mir jetzt echt zu bescheuert mit der Alten." Finn packt seinen E-Bass am Hals und verschwindet nach draußen.

Unsere tolle Stimmung ist zerplatzt wie ein Luftballon. Ich renne zu Lena, die gerade noch einmal Kaffee brüht, und erzähle, dass Oma mir eine geschmiert hat. Obwohl ich ihr nichts getan habe, nein, ihr doch nur den Stuhl hinstellen wollte.
„Lisann, ihr ist doch bestimmt bloß die Hand ausgerutscht", beschwichtigt sie mich. „Du weißt doch, sie ist etwas verwirrt."
„Ach ja? Aber auf meine Backe zielen konnte sie noch ziemlich genau!"
„Das war wirklich nicht sehr fest", sagt Susi, die Oma jetzt herein führt.
„War es doch!", schreie ich.
Oma kümmert das nicht. Sie beachtet mich gar nicht, sondern schnuppert in Richtung Herd. „Ah, Kaffee."
Erinnert sie sich wirklich nicht an die Ohrfeige oder tut sie bloß scheinheilig?
Ich vergesse ihr das jedenfalls nicht so schnell. Im Moment hasse ich sie, und am liebsten würde ich ihr den Kaffee ins Gesicht schütten!

13

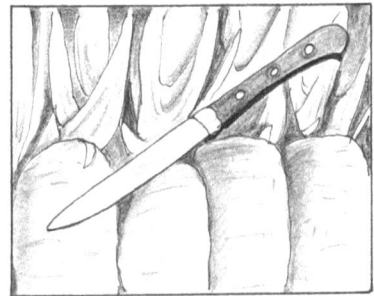

Oma macht Sachen

Schon wieder ist ein Tag vergangen.
Am Vormittag komme ich in die Küche, um mir ein Glas Milch zu holen. Da sitzt Oma allein am Tisch und schneidet Möhren in Scheiben.
„Komm mal her, mein Schatz."
Weil ich noch ein bisschen beleidigt bin, bleibe ich stehen.
„Na, nun los", ruft Oma putzmunter. „Ich möchte dir was schenken."
Ich stelle das Glas ab und gehe zu ihr.
Oma fasst in ihre Jackentasche und zieht ihr Portmonee raus. Sie knipst es auf und wurstelt mit ihren Mohrrübenfingern einen Schein hervor.
„Du kannst sicher was zum Geburtstag brauchen."
„Aber ich hab erst im November Geburtstag."
„Egal, nimm mal."
Ich starre auf einen Hundert-Euro-Schein. „Ist das nicht ein bisschen viel?"
„Geld ist Geld und Schnaps ist Schnaps", sagt Oma und lacht.
Eine innere Stimme sagt mir, ich soll mich einfach freuen und meine Wut von gestern vergessen. Eine andere Stimme verursacht mir ein schlechtes Gewissen. Was macht Oma schon wieder für Sachen? Ich fühle mich hin- und hergerissen. Eigentlich bin ich noch sauer auf Oma. Aber ihr Geschenk wäre bei meinem knappen Taschengeld fast ein Lottogewinn.

Soll ich Lena fragen, ob ich es behalten darf? Oder Jona die Hälfte abgeben? Vielleicht hat Oma ihm ja genauso viel Geld geschenkt ...
Ich falte den Schein, schiebe ihn in die Tasche meiner Shorts und setze mich.
„Danke Omschi. Kann ich dir helfen?"
Oma nickt. „Aber matsch nicht so rum."
Da ist gar nichts zum Matschen. Es gibt nur viel zu schnippeln, denn heute ist Lena mit Kochen dran. Sie wechselt sich immer mit Susi ab. Heute will sie für alle Hofbewohner ihren berühmten Eintopf mit Möhren frisch aus der Erde, Gartenkräutern und Markklößchen zubereiten.
Wo steckt sie überhaupt?

Ich höre meine Mutter im Nebenzimmer telefonieren. Zuerst nur gedämpft, bald in aufgebrachtem Tonfall.
„Das hättet ihr uns sagen müssen!", schreit sie, spricht aber sofort leiser.
Ich schleiche zur Tür, schiebe sie einen Spalt auf und lausche.
„Ja stimmt, Mutti ist lieb und nett. Und sie ist hier herzlich willkommen", betont Lena. „Ihr hättet uns aber darauf vorbereiten sollen, wie verwirrt sie inzwischen ist. Wir hatten keine Ahnung! Im letzten Jahr haben wir davon jedenfalls noch nichts gemerkt. Heute Morgen hat mich Mutti gefragt: Sind Sie hier auch zu Besuch? Gestern hat sie Lisann sogar grundlos eine geklebt!"
Eine Weile horcht Lena wieder in den Hörer.
„Ja, glaube ich, dass es sich durch den Unfall verschlimmert hat. Aber warum habt ihr uns das verschwiegen?"
Ich höre sie erregt schniefen. Sie scheint eine Mordswut zu haben. Wenn sie mal wieder einen Aussetzer kriegt, wird sie mir in den nächsten drei Tagen nicht erzählen, was los ist.
„Geht auf keinen Fall", sagt sie heftig. „Das hättet ihr ja längst mit Barbara und Roger besprechen können."
Pause.
„Richtig, sie haben das Glück, zu Hause zu arbeiten. Berufstätig sind sie aber trotzdem! Und ich habe zwei Kinder, bin allein stehend und habe auch einen Ganztagsjob."

Inzwischen hört sich Lenas Schnaufen richtig gefährlich an. Und genau in dem Moment bemerkt sie, dass ich sie belauschte.
„Mach die Tür zu, verflixte Kiste!"
Ich gehorche und setze mich wieder vor den geschälten Möhrenberg. Oma hat zum Glück nichts mitgekriegt, erstens ist sie ziemlich schwerhörig, zweitens emsig beschäftigt mit dem Scheibchen schneiden. Es ist für ihre zierlichen Hände so mühsam, dass sie sich vor Anstrengung auf die Zungenspitze beißt.
Immer wieder sehe ich zur Tür, hinter der Lenas vorwurfsvolle Stimme wieder lauter geworden ist. Was regt sie so auf?

Nach dem Telefonat kommt sie mit hochrotem Gesicht in die Küche und schmeißt die Tür hinter sich zu.
„Die sind nicht ganz dicht!", faucht sie. „Lisann, gut dass du Oma hilfst. Pass ein bisschen auf sie auf. Ich muss unbedingt zu Susi."
Weg ist sie.
Blöd, immer bespricht Lena alles mit ihrer Freundin. Als ob ich nicht wichtig genug bin! In dem Telefongespräch ist es um Oma gegangen. Wer hat angerufen? Bestimmt Onkel Rainer aus Oberhausen, Mamas Bruder. Irgendetwas soll mit Oma geschehen, worüber Lena sich tierisch aufregt.
Am liebsten würde ich ihr hinterherrennen. Aber das geht nicht. Und Jona ist natürlich wie üblich bei Sonja. Eigentlich könnte der auch mal auf Oma aufpassen.
Die schneidet und hackt die Möhren immer ungleichmäßiger. Ich lasse mein Messer sinken und schaue ihr nur noch zu.
„Mach ich's richtig?", fragt sie wie ein kleines Mädchen, das gelobt werden will.
„Du machst das wirklich ganz, ganz toll, Omschi", sage ich, und dabei wird mein Herz schwer. „Ja, mach weiter so. Ich muss nur mal eben aufs Klo."
Nur ein paar Minuten bin ich weg, da erfüllt ein Schrei unser Haus. Ein schrecklicher Angstschrei.

14

Alter Bärbock

Wie von der Tarantel gestochen, springe ich vom Klo, und beim Hinausrennen ziehe ich meine Hose hoch. Ich sehe Oma schon halb verblutet, weil ihr das Messer die Pulsader aufgeschlitzt hat!
„Wirst du wohl, alter Bärbock! Haust du ab!"
Jetzt sehe ich den Grund und muss erst staunen, dann laut loslachen: Neben Oma auf der Bank steht ein mächtiger Ziegenbock. Er hat geschwungene Hörner und einen langen Zottelbart.
Aber nicht auf Oma hat er es abgesehen, sondern auf die Möhrenschüssel.
Ich rufe aus dem Fenster nach Sonja. Das muss sie filmen!
Schade, sie ist ausgerechnet jetzt nicht in der Nähe.
Während der Ziegenbock knabbert und schmatzt, versucht Oma, ihn von der Bank zu schubsen. Das Vieh lässt sich nicht stören. Schwapp, nimmt Oma ihre Tasse und schüttet ihm den Rest Kaffee ins Gesicht.
Der Ziegenbock niest zweimal. Dann reckt er den Hals wieder seelenruhig über die Möhren.
Mit Schwung hebe ich die Blechschüssel vom Tisch.
„Raus mit dir, du aufdringlicher Kerl!"
Ich flüchte mit hoch erhobener Schüssel in die hinterste Ecke der Küche, aber er springt mir nach und stupst mich in den Hintern.
Jetzt stellt er sich auf die Hinterbeine, und ich ich hopse vor Schreck erst seitwärts, dann vorwärts. Rumms landet die Schüssel am Boden, und die tausend Mohrrübenscheiben kullern kreuz und quer unter die Stühle, den Schrank, den Tisch.

„Satansbraten, vermalledeiter!", kreischt Oma, als der Bock sich auch noch welche vom Boden schnappt.
Sie drischt mit dem Stock auf das Hörnertier ein, knurrt und fletscht die Zähne wie ein gefährliches Ungeheuer.
Davor bekommt er wirklich Angst, springt aus der Haustür und trabt in den Garten.
Oma droht ihm mit dem Stock hinterher. „Zieh Leine, du Wüterknecht!"
Ich mache mir vor Lachen fast in die Hosen. Meine Omschi ist einfach klasse!
Die Mohrrüben sammle ich wieder ein. Oma hilft mit, indem sie mit dem umgedrehten Stock alles zusammen harkt. Das wäre eine witzige Filmszene gewesen!
Erst mal wasche ich das Schnipselgemüse gründlich. Dann werde ich versuchen, den Ziegenbock von unserem Grundstück zu vertreiben.
Oma sieht mir mit verschwitztem Gesicht zu. „Der lässt sich die Wurscht nicht vom Brot klauen", stellt sie fest. „Du auch nicht?"
„Nee, Omschi. Ich sowieso nicht."
Die Hälfte des Möhrenbestands hat der Ziegenbock gefressen. Ich schätze, aus Lenas Möhrensuppe wird noch ein Quer-Durch-Den-Garten-Eintopf mit Bohnen, Erbsen, Kartoffeln und Zucchini.
Von draußen vernehmen wir plötzlich lustiges Geqieke.
Ich renne raus, Oma wackelt hinter mir her.
„Weg da, raus aus dem Beet, du Mistvieh! Hast du ihn, Jona? Los, pack ihn an den Hörnern!"
Jona versucht mit Pablo, den Mohrrübenräuber einzufangen, denn jetzt macht der sich auch noch über Barbaras Zucchinibeet her. Er springt immer wieder weg und narrt die beiden.
Mein Bruder benimmt sich auch wie ein springender Bock, kriegt ihn aber nicht zu fassen.
Stattdessen lässt der Ziegenbock seine Köttel auf den Gartenweg prasseln.
„Du unverschämtes Biest!" Pablo packt das Vieh am Schwanz. „Ich hab ihn, boh ist der stark, der Bursche, der will mich …"
Pablo rutscht aus und landet im feuchten Kompost. Seine Arme bleiben zwischen Gemüseresten und nassem Modder stecken.

Wir lachen über das grün verklebte Kompostmonster, und als Pablo laut flucht, finden wir ihn noch viel komischer.

Am Gartentor steht wie hingezaubert eine ältere Frau aus dem Dorf. Mit einem Blick erfasst sie die Lage und stößt einen Pfiff durch zwei Finger. Der Bock hebt den Kopf, spitzt die Ohren und meckert. Dann trottet er zu ihr, als habe er nichts angestellt.
„Grüß Gott", sagt die Frau freundlich zu uns.
Sie packt ein Horn, führt ihn ab und tut so, als sei er der zahmste Ziegenbock der Welt.
„Er hätte sich wenigstens für die Mohrrüben bedanken können", sage ich zu Oma.
Sie nickt. „Ja, ja, Undank ist der Welt Lohn. Das schreib dir hinter die Ohren, Lisann."
Nanu? Oma weiß heute meinen Namen! Und auch sonst finde ich alles sehr vernünftig, was sie gesagt und getan hat.
Ich nehme sie an meinen Arm, und wir spazieren in den Garten, wo Pablo, Jona, Susi, Sonja und Lena beisammen stehen und noch über den frechen Ziegenbock kichern. Und da erzähle ich allen, wie heldenhaft Oma Lenas Mittagessen verteidigt hat.

15

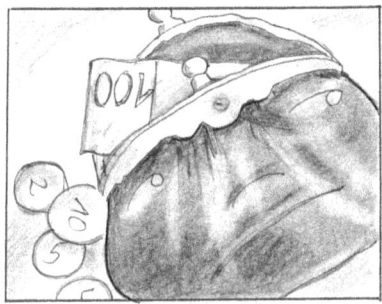

Geldgeschichten

Später, als ich Oma am Küchentisch mit ihren Tabletten füttre, kommt Jona mit tropfender Nase und triefenden Augen herein und sucht Taschentücher. Die feinen Pollen, die unsichtbar aus Barbaras Gartenblumen in die Lüfte fliegen, machen seinen Nasenschleimhäuten zu schaffen.
Oma winkt auch ihn zu sich. Sie zieht ein Stofftaschentuch aus ihrem Ärmel und reicht es ihm. Es duftet nach Lavendel.
Er tupft damit verlegen an seiner Nase, ohne es wirklich zu benutzen. Dann greift Oma nach der Geldbörse in ihrer Jackentasche, öffnet sie und starrt hinein.
Sie guckt hinten und vorn in leere Fächer und murmelt: „Na, ich hatte doch ... Kind, hol mir bitte mal meine Tasche."
Jona bringt ihr ihre braune Umhängetasche, und Oma kramt darin. Als sie nicht finden kann, was sie sucht, sieht sie ratlos zwischen mir und Jona hin und her.
Ich ahne etwas. Und richtig, plötzlich verfinstert sich ihr Blick.
„Jemand hat mir mein Geld gestohlen! Alles Diebe und Halunken in diesem Haus. Hier stehe ich nicht länger."
Empört erhebt sie sich, klemmt ihre Tasche unter den Arm und stakst zur Haustür.
Ich wache auf wie aus einer Eisstarre. Bezeichnet mich Oma etwa als Diebin?
Mit ihrem Gehstock laufe ich ihr nach.
„Aber du hast mir das Geld gestern geschenkt!"

Wutentbrannt stolpert Oma den Weg zum Gartentor entlang und hört nicht auf mich.

„Oma, warte doch! Wohin willst du!"

„Hau ab, ich brauche niscust", wehrt sie mich ab und stapft auf die Straße.

Ich bleibe ihr dicht auf den Fersen. Jona folgt uns. Wir müssen aufpassen, dass sie nicht in den Teich fällt. Oder stolpert und sich ein Hüftgelenk bricht.

Zum Glück geht sie Richtung Dorf und wankt wie ein beschwipster Seemann die abschüssige Straße runter.

„Jona, was sollen jetzt machen?"

„Aufpassen, wohin sie geht. Ohne dass sie es merkt."

„Übrigens, ich muss dir was sagen."

Ich erzähle ihm, dass Oma mir den Hundert-Euro-Schein geschenkt hat, den sie anscheinend vermisst.

„Ist ja interessant", sagt er halb eingeschnappt. „Nett, dass ich das zufällig auch erfahre."

„Wollte ich dir sowieso sagen, ehrlich."

Inzwischen ist Oma die Dorfstraße fast bis nach unten gewackelt. Dicht hinter ihr sind wir ständig auf dem Sprung, um sie im Notfall gleich festzuhalten. Sie merkt es nicht.

Vor Herrn Hartmanns Haustür bleibt sie stehen.

Auf einer Bank davor blinzeln zwei Katzen in die Sonne, eine schwarze und eine braun-gelb gescheckte.

„Miez, Miez, Miez!"

Die Tiere spitzen ihre Ohren.

Gleich darauf sitzt Oma auf der Bank. Die Schwarze springt weg, die andere macht einen Buckel. Dann streckt sie sich lang neben Oma aus und lässt sich das Fell kraulen.

„Mulleken, na du kleines Luder", sagt Oma zärtlich mit ihrer tiefen Stimme. „Na, komm doch mal her, mein Häschen."

Jetzt erst entdeckt sie uns und winkt uns zu. „Na, ihr beiden, ist die nicht allerliebst?"

Ich werde traurig. In Omas Kopf ist etwas ganz und gar verdreht. Vor einer Viertelstunde hat sie noch getobt, man hätte ihr Geld ge-

klaut. Jetzt ist für sie alles in Ordnung und vergessen. Das kann ich schwer begreifen.
„Wo geht ihr denn hin?", will sie wissen.
Jona zuckt mit den Achseln. „Bisschen spazieren."
„Ich gehe zurück, noch mal Mohrrüben schnippeln", teile ich ihr mit.
„Kommst du mit rauf, Oma?"
„Und wo soll das sein?"
„Oben, im Haus von Barbara und Roger."
„Na, dann mal los."
Sie schiebt die Katze von der Bank und nimmt mir den Gehstock ab.

Als wir zurückkommen, sehe ich, dass Lena inzwischen neue Möhren geerntet, zerkleinert und in den größten Kochtopf geworfen hat.
„Wart ihr mit Oma spazieren?"
„Ja, bei Herrn Hartmanns Katzen."
„Gut so."
Die Falte auf Lenas Stirn zeigt mir, dass sie noch über das Telefongespräch grübelt.
„Hast du vorhin mit Rainer telefoniert?", bohre ich.
„Das war nicht für deine Ohren bestimmt."
„Du kannst es mir ruhig erzählen. Ich weiß sowieso, dass es um Oma ging."
„Was ist mit Rainer und Oma?", will Jona wissen.
Lena sieht ihn aus zusammen gekniffenen Augen an. „Gut, ich erzähle es euch. Aber erst packe ich Oma auf die Gartenliege."
Sie bettet ihre Mutter draußen in den Schatten und deckt eine leichte Häkeldecke über sie. Bis zum Mittagessen darf sie noch ein Nickerchen halten.
„Hach, schön", seufzt Oma selig. „Ich danke dir, meine Guteste."
Wir fläzen uns mit Lena in die Hollywoodschaukel.
Eine Zeitlang starrt sie vor sich hin. Dann seufzt sie tief. „Sie wollen Oma nicht zurück haben."
„Wer will sie nicht zurück haben?", fragt Jona.
„Onkel Rainer und Tante Christine. Sie wollen nicht, dass Oma zurück nach Oberhausen fährt."
„Wieso das denn nicht? Da ist doch ihre Wohnung."

„Rainer meint, sie kann nicht länger allein leben. Sie selber hätten keinen Platz und keine Zeit für Oma. Sie hätten sich außerdem schon genug um sie gekümmert. Aber ich vermute einen anderen Grund."
„Den kann ich mir denken", sage ich. „Weil Oma so seltsam geworden ist. Stimmt's?"
Lena nickt langsam.
Ich fasse nach ihrer Hand. „Dann nehmen wir eben Oma."
„Ach Lisannchen." Sie zieht mich an sich und lächelt müde. „Ich muss doch jeden Tag ins Büro."
„Was ist mit Barbara und Roger?"
„Die arbeiten genau so viel wie ich."
Eine Weile schaukeln wir schweigend.
„Ach, das mit Oma kriegen wir schon irgendwie hin", versucht Jona unsere Mama zu trösten.
„Wenn ich da sicher sein könnte ..." Sie stößt wieder ein paar kleine Stoßseufzer aus. „Wir müssen unbedingt mit Roger und Barbara reden. Natürlich nicht, solange sie in Portugal sind. Sonst haben sie keine ruhige Minute."
Ich ziehe den Hundert-Euro-Schein aus meiner Hosentasche und erzähle Lena alles.
„Nimm du das Geld, ich will es nicht."
Lena drückt mich lieb. „Wir stecken es Oma heimlich wieder ins Portmonee. Einverstanden?"
Ich bin froh, dass Lena das sagt, und nicke erleichtert.

16

Gartenchor

Ich öffne den Kühlschrank, um mir ein Glas Kirschsirup mit kaltem Wasser und Eisstückchen zu mixen, als das Telefon läutet.
Barbara meldet sich aus Portugal: Sie seien gut im Seminar-Quartier am Meer angekommen, alle Teilnehmer pünktlich eingetroffen. Das Wetter sei fantastisch. Bevor es gleich weitergehe, speise sie mit Roger soeben in ihrem Fischernest herrlich Seeteufel.
Ich stelle mir ein grausiges Männlein mit grünem Knautschgesicht vor, das ihnen vom Teller entgegen grinst, bis es mit der Gabel aufgespießt ...
Oh, ich höre Barbara gar nicht richtig zu. „Sorry, was hast du gerade gesagt?"
„Ich möchte wissen, ob Lena mit Oma gut zurechtkommt."
„Ja ja. Oma schläft im Moment friedlich im Garten. Lena kocht Mohrrübensuppe und Jona sprengt deinen Gemüsegarten."
„Also klappt alles bestens? Dann bin ich beruhigt."
Zum Glück fasst sich Barbara kurz und fragt nicht weiter. Und ich bin froh, dass ich nicht aus Versehen was von Lenas Problem mit Onkel Rainer verraten habe.

Ich gehe in den Garten, wo Sonja mit der Kamera umher spaziert. Hin und wieder hält sie die Linse vors Auge, lässt sie aber jedes Mal gleich sinken.
„Wann fängst du denn richtig an mit deinen Aufnahmen?"
„Schon geschehen. Ich war gerade unten im Dorf bei Herrn Schmie-

der. Er ist 92 Jahre alt und hat von früher erzählt, wie es da in Mollberg ausgesehen hat. Zum Beispiel hat hier hinter unserem Bauernhof eine Mühle gestanden. Als Junge ist er am Krampsee angeln gegangen. Seine Angel war bloß ein Stock mit Strippe, an die er einen Regenwurm geknotet hatte. Aber trotzdem konnte er manchmal einen kleinen Fisch erwischen. Da war der See natürlich noch klein. Ich meine, noch kein Stausee. Mittendrin ist Herr Schmieder auf seinem Sessel eingepennt."
„Mitten im Stausee?"
Sonja grinst. „Genau da."
„Konntest du eigentlich Finn überreden, dass er Reporter spielt?"
„Och nö." Sonja schüttelt den Kopf. „Dabei brauche ich unbedingt einen Reporter. Ich hab gemerkt, Fragen stellen und gleichzeitig filmen geht nicht so leicht."
„Mach doch hier auf dem Hof weiter", schlage ich vor. „Jeder von uns kann was Interessantes über Mollberg erzählen. Dazu brauchst du keinen Reporter."
Sonja lauscht plötzlich zur Dorfstraße hin. „Haben wir Besuch von der Heilsarmee?"
Wir hören vor unserem Haus Leute singen und gehen nachsehen.

Überraschung: Oma sitzt aufrecht auf der Gartenliege und stimmt gerade wieder mit Susi ein Lied an!

„Wenn alle Brünnlein flie-hie-ßen,
so muss man tri-hin-ken.
Wenn ich mein' Schatz nicht rufen darf,
tu ich ihm wi-hin-ken.
Ja, winken mit den Äugelein,
ju ja Äugelein ..."

Das muss ein ziemlich altes Lied sein mit Schatz und Äugelein. Oma hat eine tiefe, ein wenig zittrige Altfrauenstimme. Sie trifft die Töne so sauber wie Susi, unsere Sängerin. Nur schnappt sie an den unmöglichsten Stellen nach Luft, hinkt ein bisschen nach und trällert dann ganz schnell weiter. Urkomisch.

Ich staune nur so: Meine Omschi mit dem schusseligen Kopf kennt noch fast alle Strophen auswendig.
Susi übrigens auch. Aber die hat ja auch keinen schusseligen Kopf.
Lena lehnt sich aus dem Fenster, ein Lächeln huscht über ihr Gesicht.
„Wäre mal interessant, ob sich Oma an die Kinderlieder erinnert, die sie Barbara, Rainer und mir beigebracht hat."
Mit einem zerfledderten Liederbuch, auf dem vorne Kinder um einen kleinen Maibaum hüpfen, kommt meine Mama zu uns raus.
Sie rückt einen Gartenstuhl neben Oma. „Mutti, das ist unser Liederbuch von früher. Die Lieder hast du mit uns Kindern gesungen. Kennst du das hier noch:

Falle, falle, falle,
rotes Blatt, gelbes Blatt,
bis der Baum kein Blatt mehr hat,
abgefallen alle."

Oma nickt und strahlt und summt die Melodie. Ein Lied nach dem anderen stimmt Lean an, tief genug für Omas Brummstimme.
Klar, ich singe auch mit. Auswendig! Schließlich hat Lena Omas Kinderlieder an Jona und mich weitergegeben.
Es macht richtig Spaß und ist so ansteckend, dass sich sogar Pablo zu uns gesellt! Nur Jona schaukelt in der Hängematte und geniert sich wegen uns.

Ein anderes Lied heißt:

„In einem kleinen Apfel,
da sieht es niedlich aus,
darinnen sind fünf Stübchen
grad wie in einem Haus.

In jedem Stübchen wohnen
fünf Kernlein hübsch und fein,
sie liegen dort und träumen
vom lieben Sonnenschein."

Sämtliche Melodien und Texte hat Oma in ihrem Kopf gespeichert! Aber wie kann es dann sein, dass sie so viel von eben auf jetzt vergisst? Hat das mit dem Kurzzeitgedächtnis zu tun? Irgendwo hab ich mal gehört, dass viele alte Leute sich nicht an das erinnern, was gerade passiert ist. Aber von früher, da wissen sie noch viele Einzelheiten ganz genau.

„Ob sie auch tanzen kann?", fragt Susi und mustert Oma herausfordernd. „Lena, los, stell Musik an!"
Meine Mama platziert das Radio im offenen Küchenfenster und sucht einen Sender mit Pop-Musik aus.
Susi nimmt Oma an die Hand und zieht sie auf die Wiese. Oma weiß gar nicht, wie ihr geschieht und guckt verdattert.
Aber dann geht es los. Susi schwenkt sie und dreht sich mit ihr. Wir hopsen auf der Wiese rum, mit Oma in unserer Mitte. Die wackelt mit den Hüften und tappt im Takt von einem Fuß auf den anderen. Bald lacht und kichert sie wie ein junges Mädchen.
Wir sind ein alberner Haufen tanzender Affen und grölen laut mit!

„He, man hört euch bis runter ins Dorf! Gibt's was zu feiern?"
Finn kommt durchs Gartentor geschlendert.
„Bei uns gibt's immer was zu feiern", klärt ihn Pablo auf. „Und ab jetzt singen wir jeden Tag. Hock dich zu uns, denn wo man singt, da lass dich ruhig nieder. Böse Menschen haben keine Lieder."
„Dann weiß ich ja Bescheid", sagt Finn spöttisch.
Mir fällt auf, dass er sich ziemlich oft bei uns blicken lässt. Sogar, wenn Sonja gar nicht in der Nähe ist.
Wir sitzen noch eine Weile auf der Wiese, und nun bequemt sich auch Jona zu uns.
Während Sonja ihre Filmkamera schnurren lässt, schildert Pablo dramatisch, wie der fette Köter vom Kornkral, der im Sommer drüben im Blockhaus wohnt, mal unsere Mülltonne umgeschmissen und durchwühlt hat. Das ganze eklige Zeug hat auf der Straße verteilt gelegen. Der Hund hatte es auf das Einwickelpapier einer Plockwurst abgesehen.

„Und wer hat den ganzen Dreck weggemacht?", fragt Jona. „Der Köter oder der Kornkral?"
„Das haben sie großzügigerweise Barbara überlassen. Vorher hat sie aber den Gartenschlauch aufgedreht und dem Mistvieh eine kalte Dusche verpasst."

Während wir noch anderen Geschichten zuhören, zieht Finn etwas aus der Hosentasche und hält es mir auf der flachen Hand unter die Nase.
Überrascht sehe ich ihn an, und da grinst er so nett wie der Finn vom letzten Jahr. Es ist ein dunkelroter, runder Stein mit hellen Pünktchen, ein echter Pünktchen-und-Anton-Stein. Er passt genau in meine Hand, und ich muss kurz nach Luft schnappen, weil ich mich so freue.
Als ich den Stein mit den Fingern umschließe, kommt er mir heiß vor, heiß wie die kleine Aufregungswelle, die davon durch meinen Körper rieselt.

17

Große Suchaktion

Heute Morgen futtern Finn und Herr Hartmann unsere Brötchenreste und trinken Kaffee.
Der Ziegenbock hat mit seinen Hufen die Rückenlehne der Eckbank in Stücke getrampelt. Finn und sein Vater wollen ein neues Brett einsetzen - ohne Bezahlung, hat Herr Hartmann betont, ein Gläschen Birnenschnaps würde es auch tun.
Lena hat gestern Abend noch wie besessen die Küche geschrubbt, nachdem wir ja den Ziegenbock zu Besuch hatten. Und heute in aller Frühe hat sie es zum zweiten Mal gemacht.
„Bah, den Gestank hat Barbara bestimmt noch Weihnachten in der Küche. Und ich stinke auch sieben Tage nach alter Ziege."
Meine Mama übertreibt. Ich finde, es stinkt nur nach Putzmittel. Warum wartet sie damit nicht? Von der Bank fliegen sowieso noch Splitter und Späne, da kann sie gleich nochmal sauber machen.
Nach einer halben Stunde Sägen und Hämmern leuchtet ein neues helles Brett an der Rückenlehne, und Finns Vater kippt den verdienten Birnenschnaps runter.
„Haaach", seufzt er zufrieden, und eigentlich könnte er nun gehen.
Er bleibt aber sitzen.
„Verstehe." Lena grient. „Auf einem Bein kann man schlecht stehen."
Sie gießt ihm noch einen ein und sagt, jetzt muss sie aber schleunigst die Küche wieder in Ordnung bringen.

Sonja hat Finns Morgenbesuch noch gar nicht bemerkt, sonst würde sie nicht so verträumt mit der Kamera im Hof umhertrödeln. Sie filmt den Wolkenhimmel, die fernen Hügel, das Zelt.
Ich gehe raus zu ihr.
„Hast du unsere alte Gartenpumpe schon aufgenommen? Und die zerfallene Bank am Schuppen?"
Die finde ich total urig. Sie ist von Efeu überwuchert und ähnelt einem grünen Sofa aus Natur.
Sonja gefällt mein Vorschlag. Sofort richtet sie die Kamera in versteckte Ecken, auf Barbaras klapprige, verwitterte Gartenstühle, Blumenbottiche, die angerostete grüne Regentonne, die an unser Haus gelehnte Leiter, in der ein paar Sprossen fehlen, die bunten Plastikwäscheklammern auf der Leine.
Hinterher schlendern wir zu Susi, die hinter dem Schuppen Wäsche aufhängt.
„Mama, wie lange gehört uns das Bauernhaus?"
„Seit deinem vierten Lebensjahr, also zehn Jahre."
„Schon zehn? Kolossal, das müssen wir feiern! Gleich heute! Dann filme ich unser Fest. Und dabei erzählst du etwas über den Hof, Mama. Du kennst doch tausend Anekdoten. Papa sicher auch."
Pablo, der sich gerade eine Sense zum Dengeln geholt hat, lässt uns wissen: „Rechnet die nächsten drei Stunden nicht mit mir, ich gehe die Wiese mähen. Das muss gemacht werden, solange es nicht regnet."
Meine schöne Blumen- und Gräserwiese? Sie wird kahl rasiert, wie schade ...
„Bitte, bitte, Pablo, lass mir ein ungemähtes Stück übrig!"
„Mal sehn", brummt er.
Finn bietet sich an, Pablo beim Mähen zu helfen, und wenig später schwingen sie die Sensen wie Bauern im vorigen Jahrhundert.

Ich habe den Verdacht, dass Finn Gründe sucht, bei uns zu sein. Auch wenn ich vermute, der Hauptgrund ist Sonja, die natürlich sofort beide bei der Arbeit filmt.
Jona sieht ihnen schon eine Weile zu und scheint sich zu langweilen.
„Dann schnappe ich mir eben den Rasenmäher", lässt uns mich wissen.

„Ausgerechnet du? Ich fasse es nicht. Du wolltest doch in den Ferien bloß schwimmen und faul sein?"
Was für ein seltener Anblick: Alle arbeiten! Ich ebenso. Ich backe mit Susi zwei Bleche Pizza.
Jeder darf anmelden, was er als Belag drauf haben will: Salami, Mozzarella, Tomaten, Oliven, Spinat, Käse ...
„Achtung, euch filme ich auch gleich", verkündet die Kamerafrau. „Mama, wenn ich nicke, erzähl einfach drauf los."
Die Kamera läuft, und Susi plaudert, während sie Teig knetet, wie sie vor Jahren auf einem Ausflug den Hof entdeckt und sich sofort in ihn verliebt hat.
Mittendrin springt Brunhilde auf den Tisch. Ihre Pfoten tappen vorsichtig im Mehl umher und hinterlassen dunkle Pfötchenabdrücke. Sie schnuppert am Teig. Igitt, scheint sie zu finden, und schwupp springt sie runter.
Tolle Filmeinlage!

Als die Pizzadüfte aus dem Fenster strömen und Sonja den Tisch mit einer zur Zehn geformten Efeugirlande auf der Terrasse gedeckt hat, gehe ich zu uns rüber, um Oma und Lena Bescheid zu sagen.
Ich stelle fest, dass meine Mama neuerdings an auffälliger Telefonitis leidet. Jedenfalls lauscht sie wieder mal in den Hörer.
Ich sehe mich um. „Ist Oma im Bett?"
„Nein, sie ist doch draußen bei euch?"
„Bei uns ist sie nicht. Ich hab sie den ganzen Morgen nicht gesehen."
„Aber sie wollte vorhin zu euch raus!" Lena wird blass, beendet sofort das Gespräch und flüstert: „Oh Gott."
Im Galopp sprintet sie über die Straße, ich hinterher.
Der Teich liegt ruhig da, nur das Schlauchboot wippt gemächlich. Nicht mal Ringe von Hansi sind auf der Wasseroberfläche. Als sei der Teich eingeschlafen.
Alle suchen und rufen nach Oma, schließlich auch Pablo und Finn. Doch auf dem ganzen Hofgelände ist sie nicht zu finden.

Wir verteilen uns sternförmig und halten rund um die Häuser Ausschau. Unsere Rufe schallen weit über die Felder und Wiesen.

Finn macht zwar mit, doch den Ernst der Situation, scheint er nicht zu begreifen.

„Vielleicht sitzt sie in der Dorfkneipe beim Frühschoppen?", fragt er grinsend.

„Klar", fauche ich ihn an. „Oma ist Alkoholikerin, die braucht um diese Zeit ihren Birnenschnaps."

Oh Mist, dass mir so was raus rutschen muss, wo Finns Vater doch gerne einen zwitschert ...

Ich flitze an Finn vorbei, den Weg bergauf.

„Oma! Omschi! Irmchen!"

Mit den Augen suche ich alle Richtungen ab und hetzte weiter.

Aber so weit kann Oma nicht gegangen sein mit ihren gebrechlichen Beinen und dem Stock.

Als ich die ersten düsteren Tannen erreiche, wird mir mulmig, und ich höre auf mit dem Rufen.

Windböen lassen die Bäume unheimlich laut rauschen. Wie Riesengestalten schlagen sie mit den Armen um sich. Zwischen den dichten Stämmen verbirgt sich undurchdringliches Dunkel, aus dem jeden Augenblick geheimnisvolle Gestalten auftauchen könnten. Gruselig.

Ich renne zurück.

Die ganze Hofgemeinschaft versammelt sich ratlos auf der Gartenwiese.

„Die Pizza!", schreit Susi und wetzt in ihre Küche, aus der es qualmt.

Lena verschmiert mit dem Handrücken Wimperntusche um ihre nassen Augen.

„Muttis Schuhe stehen im Flur, sie ist in Hausschlappen losgegangen. Wenigstens hat sie den Stock mit."

Pablo drückt sie tröstend an sich. „Es bringt nichts, wie die Wilden durch die Gegend zu brüllen. Ich fahre mit dem Auto alle Wege ab. Vielleicht wollte deine Mutter nur spazieren gehen, irgendwo Blumen pflücken, und hat sich verlaufen."

Lena bekommt einen neuen Schreck. „Die Pflanzen auf den Wiesen stehen zum Teil so hoch, dass wir sie nicht sehen, wenn sie da irgendwo hingefallen ist."

„Zu mir hat Oma vorhin gesagt, sie will nach Hause", fällt es mir ein.

„Aber das ist ja in Oberhausen."

Jona bekommt große, erschrockene Augen. „Und wenn sie trotzdem losgegangen ist? Vielleicht weiß sie nicht mehr, dass Oberhausen von Mollberg fünfhundert Kilometer entfernt ist."

Susi schwingt nacheinander zwei Bleche raus auf den Gartentisch. Aber nur, damit das Verkohlte im Haus nicht mehr so stinkt.

18

Omschi hält uns auf Trab

Nach einer kleinen Verschnaufpause gehen wir erneut suchen. Jeder bekommt einen Weg zugeteilt, und Pablo will bis zur großen Kreuzung an der Landstraße fahren.
Inzwischen hat Finn das Mofa seines Vaters geholt.
„Fang auf!" Er wirft Sonja einen zweiten Helm zu.
Sie schwingt sich hinter ihn auf den Sitz und schlingt ihre Arme wie ein Klammeraffe um seine Taille.
Mit Getöse und Gestank holpert die Knatterkiste über den Wanderweg, der vom Hof runter zum Krampbach und einer ehemaligen Wassermühle führt.
Lena beteiligt sich nicht an der neuen Suchaktion. Ihr ist vor Aufregung so schlecht, dass sie Migräne bekommen hat und sich übergeben muss.
„Leg dich aufs Sofa, wir finden Irmchen bestimmt", macht Susi ihr Mut. „Sie kann doch nicht plötzlich vom Erdboden verschwinden. Irgendjemand hat sie gesehen, verlass dich drauf. Ich frage unten im Dorf und schau in die Kirche."
Lena will sich nicht ausruhen, sondern vorm Haus warten, falls Oma von allein zurück findet.
Ich beruhige meine Mama: „Und ich klingle jetzt überall in der Dorfstraße und frage, ob sie jemand gesehen hat."

Zuerst wetze ich zu den Blockhütten, doch alle Fensterläden sind geschlossen.

Beim Weiterlaufen spreche ich laut vor mich hin: „Lieber Gott, mach bitte, bitte, dass Oma nicht ins Wasser gefallen ist. Und kein Auto sie überfahren hat. Dass sie nicht von Wildschweinen angefallen wurde oder unterwegs gestorben ist."
Wie der Blitz kommt mir ein Gedanke, wohin sie gegangen sein könnte: zu dem Haus, vor dem sie die gescheckte Katze gestreichelt hat. Und das ist das Haus von Finns Vater.
Diesmal schelle ich, wie es sich gehört, an seiner Wohnungstür.
„Herr Hartmann, wir suchen unsere Oma. Haben Sie sie gesehen?"
„Das will ich doch meinen. Dann komm mal rein."

In der Küche steht eine Flasche Rotwein auf dem Tisch. Oma hält ein halb volles Glas in der Hand. Ihre Bäckchen sind gerötet wie reife Äpfel.
„Omschi, hier bist du! Alle suchen dich wie verrückt!"
„Wer sucht mich? Ich bin doch da."
„Komm, ich bringe dich zu Lena. Du hättest vorher Bescheid sagen müssen, dass du weg gehst."
„Aber ich gehe doch gar nicht weg", antwortet sie patzig.
Ich drücke ihr den Gehstock in die Hand, fasse sie am Arm und versuche, sie von der Bank zu ziehen.
Sie stellt das Glas auf den Tisch und steht auf, klemmt aber hinter der Tischplatte fest und rüttelt daran. Zuerst lässt sie den Stock fallen, dann kippt das Rotweinglas um.
Das macht sie wütend.
„Hau ab, ich lass mich nicht nupfen!", fährt sie mich an. „Zieh Leine, sonst werde ich dich striegeln!"
Finns Vater bemerkt amüsiert: „Na, na, die Kleine ist doch kein Gaul."
Oma guckt mich nur sauer an, und ich denke: Nein, bitte nicht schon wieder.
Herr Hartmann bringt mir Küchentücher, und ich tupfe die rote Lache vom Wachstischtuch.
Meine Oma weigert sich bockig, mit mir zu gehen!
Da hält ihr Herr Hartmann seinen Arm hin und lächelt sie charmant an.

„Darf ich bitten, gnädige Frau?"
Sie hakt sich überrascht, aber reichlich mürrisch bei ihm ein.

Während sie langsam bergauf tippelt, bemüht sich Herr Hartmann tapfer, im Takt ihrer Schrittchen zu gehen.
Ich bin erleichtert und auch ein wenig stolz, dass ich Oma gefunden habe. Auch wenn sie mal wieder grantig zu mir ist.
Natürlich schicke ich trotzdem mein stilles Dankeschön an den lieben Gott, der Oma vor Autos, Wildschweinen und gefährlichen Badeteichen beschützt hat.
Oben vorm Gartentor angekommen, ist sie wieder die Liebenswürdigkeit in Person.
Sie lässt Herrn Hartmanns Arm nicht los und tätschelt seine Hand.
„Du verstehst mich, Werner. Ich danke dir."
„Werner?" Er grient verlegen. „Ich heiße immer noch Johannes."
Oma nickt. „Ich weiß, ich weiß."
Wie kommt sie auf Werner? Das ist Opas Name. Er ist schon fünf Jahre tot.

Lena empfängt sie mit Vorwürfen.
„Herr Gott Mutti, wo warst du denn! Du darfst doch nicht einfach weggehen. Du hast uns zu Tode erschreckt!"
Oma sieht sie irritiert an. „Warum schimpfst du mit mir?"
Meine Mama bedankt sich bei Herrn Hartmann und bittet ihn in die Küche. Sie bietet ihm wieder einen Schnaps an und trinkt selber auch einen.
„Sie wollte meine Katzen besuchen", erklärt er. „Ich glaube, sie verwechselt mich mit ihrem Ehemann. Jedenfalls hat sie mir Sachen erzählt, aus denen ich das schließen kann. Ich hätte sie eher zurückbringen sollen, ich weiß. Dabei haben wir zwei uns wirklich prächtig unterhalten. Stimmt's, Oma Irmchen?"
„Was ist mit mir?", fragt sie skeptisch.
Als Herr Hartmann seine Worte wiederholt, antwortet sie zufrieden:
„Aber immer doch."
Es tut Lena längst leid, dass sie Oma angeschnauzt hat, und ihre Augen füllen sich mit Tränen.

Sie nimmt sie in den Arm und wiegt sie hin und her. „Ach Muttichen, du hältst uns ganz schön auf Trab."
Da merke ich auch, wie lieb ich meine Omschi habe.

Ich mache mir solche Sorgen, weil sie so oft nichts kapiert! Wenn sie zu Herrn Hartmann Werner sagt und ihn für Opa hält, ist das vielleicht der Anfang von etwas Schlimmem.
„Omschi?", teste ich sie vorsichtig. „Du weißt doch, wo du hier bist, ja?"
„Na, wo bin ich denn?"
„Das sollst du mir sagen."
„Hier bei euch bin ich."
„In Mollberg?"
„Aber gründlich", antwortete Oma.
„Und wo hast du deine Wohnung?" forscht nun Lena weiter.
Oma schüttelt erstaunt den Kopf. „In Oberhausen, Soderstraße drei. Dass du das nicht mehr weißt?"
Lena sieht mich verdattert an, und dann bekommt sie einen herrlichen Lachanfall.

19

Ich bin überflüssig

Heute ist Sonntag.
Mit Jona besuche ich am Vormittag Sonja, die auf der Terrasse vor ihrem Haus sitzt. Sie klebt Fotos in ein Album und schreibt mit Goldstift darunter, wer wo wie wann warum auf einem Bild grinst oder langweilig guckt.
„Hier bin ich im Taufkleid. Das hat jetzt mein alter Teddy an."
„Dem steht es bestimmt nicht so gut wie dir", meint Jona.

Wir schauen uns noch andere Babyfotos an, und da kreuzt Finn auf. Seine grüne Haarsträhne hat er mittels Gel sorgfältig zur Kopfantenne geformt. Er trägt ein weißes, knielanges Männerhemd, darüber ein Metallkreuz an einer langen Halskette.
„Hey", begrüßt er Sonja und Jona mit Faustknuff.
Dann fegt seine Hand wie ein Flugobjekt über meine kurzen Haare.
„Na, Goldhamster?"
Es klingt nett.
„Wann filmst du denn weiter?", frage ich Sonja.
„Jetzt habe ich erst mal Besuch", gibt sie mir knapp zu verstehen.
„Ach so."
Ihr schnippischer Ton ärgert mich. Eindeutig zählen weder Jona noch ich als Besuch.
Sie schäkert mit Finn rum. Wie affig sie durch die Gegend hopst, um sich von ihm fangen zu lassen! Total peinlich. Sonja hat sich leider auch verändert. Schade.

Finn biegt ihr jetzt den Arm um, nimmt ihren Kopf in den Schwitzkasten und kitzelt sie.

„Fi-hinn, hör auf, hör auf!", quiekt sie schrill.

Als er sie loslässt, hechelt sie und lächelt ihn mit schmachtendem Blick an. Jeder Blinde sieht, wie verknallt sie in den ist!

Auch Jona sieht es. Er steht auf und geht langsam weg.

Sollte ich mich jemals in einen Typ verlieben, werde ich auf keinen Fall so blöd gackern und diesen öligen Augenaufschlag kriegen wie Sonja!

Finn entdeckt auf dem Terrassentisch ein Asterix-Heft. Er fläzt sich auf einen Gartenstuhl und fängt an zu lesen. Nach einer Weile wiehert er los und scheint alles um sich herum zu vergessen. Merkt er, dass er seinen Daumennagel ab kaut?

Jedenfalls merkt er nicht, dass Sonja immer nervöser zu ihm hin blinzelt.

„Fi-hinn, kommst du gleich mit rauf zur Burg?", lockt sie ihn mit Elfenstimme.

Er spuckt den abgebissenen Daumennagel in die Gegend. „Wohin?"

„Zur Burgruine. Ich möchte auf den Bergfried. Dein Vater hat doch den Schlüssel dafür."

„Da wollte ich heute zufällig auch hin", rufe ich rasch, denn es juckt mich, Sonja mal eins auszuwischen.

Finn blinzelt über den Rand des Heftes. „Dich hat keiner gefragt, Kleine."

„Mir egal", zische ich pampig, weil mich jetzt die „Kleine" ärgert. „Zufällig hatte ich dieselbe Idee."

„Hör mal!" Sonjas Tonfall klingt gar nicht mehr elfenhaft. „Wir finden auch ohne dich hin. Finn und ich, wir wollen allein was unternehmen. Stimmt's, Finn?"

„Kann sein", murmelt er, ohne aufzusehen.

„Dann komm, wir holen den Schlüssel."

„Den kann ich holen", biete ich an.

„Nein!", schreit Sonja. „Kapierst du's nicht!"

„Hey", nuschelt Finn. „Hab ich gesagt, dass ich Bock auf Burg habe? Ich lese gerade."

Sonja starrt ihn aus zusammengekniffenen Augen an.
Er lässt sich nicht stören.
„Dann eben nicht." Mit Schwung wirft sie ihre Haarmähne über die Schultern, stolziert ins Haus und lässt mich mit Finn und Asterix allein.
Er glotzt ihr fragend nach. „Jetzt spinnt sie komplett, oder?"
In mir lacht Schadenfreude. Finn lässt nicht nur mich abblitzen, sondern sogar Sonja!
Genervt pfeffert er plötzlich das Asterix-Heft auf den Tisch, steht wortlos auf und latscht weg.
Nicht mal tschüs sagt er, und ich komme mir total überflüssig vor.

Gibt es irgend jemanden, mit dem es Spaß macht, was zu unternehmen?
Ich schaue im Zelt nach meinem Bruder.
Er liegt mit geschlossenen Augen auf seiner Luftmatratze und hat Musikstöpsel in den Ohren. Ein sicheres Zeichen, dass er nicht gestört werden möchte.
Vielleicht kommt er sich genauso überflüssig vor wie ich?
Finn und Sonja, die werde ich ab jetzt gar nicht mehr beachten. Basta!
Mit meiner Flöte stapfe ich auf die Wiese.
Am unteren Rand, dicht am Weg, hat Roger tatsächlich eine große, wilde Pflanzeninsel stehen lassen, in der ich verschwinden kann. Hier hört mich niemand, ich bin weit genug von den Häusern entfernt.
Wenn ich mir Melodien ausdenke, kann ich alles andere vergessen. Ich versuche, einen besonders schönen Klang zu erzeugen. Einen, der mich wegzaubern kann. Ich spiele die bunte Blumenwiese, den hellen Himmel, die weißen Wolkenherden. Ich spiele gegen meine Enttäuschung, die momentan so grau ist, wie ich mir Omas trübe Stimmungen vorstelle.

Nach meinem Wiesen-Abstecher geht es mir besser.
Ich suche Lena. Sie sitzt am Küchentisch, den Kopf in die Hände gestützt.
„Was hast du?"

„Immer noch diese mistige Migräne", stöhnt sie. „Zu viel Aufregung gestern."
Ich vermutete aber, Lena wartet sehnsüchtig auf einen Anruf. Seit sie in Mollberg ist, wählt sie ständig Armins Nummer oder schickt ihm Handy-Mitteilungen, obwohl wir ausgemacht hatten, hier keins zu benutzen.
Aber er meldet sich seit Tagen nicht.
Oma sitzt neben ihr. Mit einem Teelöffel kratzt sie aus ihrer Kakaotasse, was sich auf dem Grund abgesetzt hat. Sie leckt den Löffel mit spitzer Zunge ab und ist um den Mund dunkelbraun verschmiert.
„Bleibst du einen Moment bei ihr?", bittet mich Lena. „Ich geh mal kurz zu Susi und hol mir eine Kopfschmerztablette."
Sie ist sichtlich erleichtert, dass ich sie ablöse.
„Na", sagt Oma zu mir. „Haste keinen zum Spielen?"
„Nö."
„Dann hol mal Mensch kribble... Mensch...? Ach, Lisann, Omas Kopf ist heute wieder mal ganz dusselig."
„Stimmt gar nicht. Du weißt, dass ich Lisann bin und du meine Oma bist."
„Da hast du auch wieder recht." Sie schmunzelt ein wenig. „Sag mal, wie alt bist du jetzt eigentlich?"
„Elf, Omschi."
„Ja siehst du ... Ich weiß noch, wie Lena dich als kleines Bündchen mit nach Hause brachte. Du warst so hübsch wie ein Gartenzweig."
„Du meinst Gartenzwerg."
Ich muss lachen. Das hat mir Oma schon mal gesagt, und es stimmte. Es gibt ein Foto kurz nach meiner Geburt, darauf sehe ich rot und verknautscht aus.
Oma fährt mir mit ihren knochigen Fingern über die Wange. „Aber jetzt hat es sich ja rausgewuchtet."
Das finde ich lustig. Oma sagt neuerdings manchmal so niedliche Sachen.

Zum Mensch ärgere dich nicht Spielen habe ich keine Lust.

„Komm, wir gehen spazieren. Ich hab eine Stelle entdeckt, da liegen ganz schöne Steine."

„Schöne Sterne?" Oma steht auf. „Dann mal los, die will ich sehen."

Ich lege Lena einen Zettel hin, damit sie weiß, wohin ich mit Oma verschwunden bin. Sonst bin ich noch schuld, wenn ihr Migränekopf vor Sorge platzt.

20

Opa auf der Wolke

Im Takt ihres Gehstocks stapft Oma langsam bergauf. Sie hat sich bei mir eingehakt und geht leicht nach vorn gebeugt. Ich bin auf einmal größer als sie.
An dem kleinen Platz mit dem Wegkreuz ist die Dorfstraße zu Ende. Von hier aus führen Sandwege in drei verschiedene Richtungen durch blühende Wiesen.
Tock Tock tock. Oma schwingt den Stock kurz in die Luft und ruft vergnügt. „Das olle Stuhlbein stammt von Vater."
„Du meinst, dein Stock hat mal deinem Vater gehört? Oder meinst du, deinem Mann, meinem Opa?"
„Opa? Davon weiß ich nischt."
Ich merke, ich habe es zu umständlich ausgedrückt und erkläre es nicht weiter.
Wir sind beim Wegkreuz angekommen.
Omas Augen ruhen aufmerksam auf dem angenagelten, nackten Jesus.
„Armer Kerl." Sie guckt ihn ganz mitleidig an. „Kann man den nicht abmachen?"
„Geht nicht, Omschi. Das wäre Sachbeschädigung."
Aber Oma spricht mir aus der Seele: Ich würde den Gekreuzigten am liebsten auch von seinen Qualen befreien.

Wir biegen in einen Weg, der wieder leicht aufwärts führt. Unter der dicken Eiche dort hinten habe ich mit Finn im vergangenen Sommer die Pünktchen-und Anton-Steine entdeckt.

Es gibt ihn immer noch, diesen kleinen aufgeschichteten Hügel am Wegrand im Schatten des großen Baumes! Lauter wunderschön gemusterte Steine hatte jemand gesammelt und dort abgelegt, wer weiß, wozu. Sie sind nur ein bisschen staubig und mit Laub bedeckt.
Ich wühle drin rum und lege Oma den schönsten in die Hand, einen rötlich schimmernden mit dunklen Flecken und einem schwarzen Streifen.
Sie schließt ihre Finger darum und öffnete sie wieder. „Na sieh mal an, wie hübsch."
Einen zweiten runden Stein wiegt sie auf der anderen hohlen Hand und schaut zwischen beiden hin und her.
Mit einem erstaunten Lächeln drückt sie beide an ihre Wangen. „Schön kalt. Kann ich die haben?"
Ich nicke.
Oma freut sich über ihre gefundenen Schätze. Sie steckt sie in die Tasche ihres Kleids und fühlt immer wieder rein.

Nach wenigen Schritten sind wir an einer Bank angekommen.
Wir blicken über die Dächer von Mollberg in die weite, hügelige Landschaft. Darüber wölbt sich der Himmel mit seinen dicken, aufgeblasenen Wolken. Sie ziehen gemächlich vorüber wie eine Herde weißer Riesenschafe.
Schwalben flatterten um den Kirchturm.
Als Oma sie entdeckt, pikt sie mit dem Finger in die Luft. „Eins, zwei, drei, vier. Da trudeln sie wieder."
Ich lache und nehme mir vor, Omas lustige Sätze aufzuschreiben. So wie Lena früher meine, als ich angefangen habe zu sprechen.
„War Lena als Kind eigentlich frecher als Barbara?", frage ich.
„Lena ... Barbara ..." Oma sieht nachdenklich auf einen Punkt in der Ferne, als suchen ihre Augen am Horizont ein festes Bild.
Jetzt scheint sie es zu sehen, vor ihrem inneren Auge meine ich.
„Meine beiden Mädchen, ja ... Barbara war ein kleines Plappermaul. Der Mund stand nie still. Und Lenchen konnte schon mit zwei Jahren Hänschen klein pfeifen. Ganz richtig."
Ich staune, wie klar Oma auf einmal mit mir spricht. Fast könnte ich ihren kranken Kopf vergessen.

„Aber du hast mal gesagt, Lena war viel frecher. Einmal hat sie Barbara eine Spinne ins Bett gesetzt. Wo Barbara doch so schreckliche Angst davor hat. Es war bloß eine selbst gebastelte aus schwarzen Fäden, aber Barbara hat trotzdem wie verrückt geschrien."
„Ja, Lena ist ein freches Aas. Die soll mir nicht in die Quere kollen."
„Na, so schlimm ist sie nun auch wieder nicht", verteidige ich meine Mama.

Schnell ist Oma mit den Gedanken woanders. Sie wippt mit den Beinen und betrachtet ihre braunen Sandaletten. „Die sind von Mutter."
Sie leckt ihren Zeigefinger nass und rubbelt darauf einen Fleck weg.
Wen meint sie mit Mutter? Ihre verstorbene Mutter, meine Urgroßmutter? Ich frage nicht nach, sonst bringt sie das wieder durcheinander.
„Die ist streng", fährt Oma fort.
Dann verstummt sie, und ihre Blicke schweifen wieder über Mollbergs Hausdächer. Es ist, als taucht sie in eine weit entfernte Welt ein, in die ich nicht reingucken kann. Jetzt wirkt ihr Gesicht ganz fremd.
Ich muss tief nach Luft schnappen. Eigentlich möchte ich noch mehr wissen über Lena und Barbara. Und was Opa für ein Mensch war. Ich kann mich kaum an ihn erinnern, als er starb, war ich erst sechs. Aber ich traue mich nicht mehr zu fragen. Die Erinnerungen machen Oma vielleicht traurig.

Als habe sie meine Gedanken erraten, sagt sie: „Vater, der ist im Krieg. Die Kinder … über aller Berge." Sie macht mit der Hand eine wegwerfende Bewegung. „Und Mutter, weiß der Himmel."
Ich nehme ihre Hand. „Dafür hast du ja noch uns."
„Ja, dich hab ich." Oma lächelt mit dem Mund, aber nicht mit den Augen. „Du bist doch noch meine Beste. Alle andern, auf und davon."
„Stimmt nicht, Omschi. Jona, Barbara, Roger und Lena sind auch noch da."
„Und wo steckt Werner?"
Vor Schreck muss ich schlucken. Was soll ich antworten? Ihr was vorlügen? Anscheinend erinnert sie sich nicht daran, dass Opa in

Oberhausen auf dem Friedhof liegt. Und dass sie Azaleen auf sein Grab gepflanzt hat.

„Da oben sitzt dein Werner." Ich zeige auf eine aufgeplusterte Wolke. „Er guckt zu dir runter."

„Das kriegt der fertig." Oma verzieht ein bisschen den Mund. „Wenn er mal nicht das ganze Geld auffrisst."

Den Gedanken, dass Opa auf einer Wolke hockt und sich den Mund mit Geldscheinen voll stopft, finde ich total witzig. Das muss ich unbedingt auch aufschreiben.

„Hallo, Opa!", winke ich nach oben. „Deine Irma sagt, du sollst nicht das ganze Geld auffressen!" Zu Oma sage ich: „Werner meint, dann kannst du wenigstens nicht mehr so viel ausgeben."

Da droht Oma gutmütig mit der Faust in den Himmel.

21

Dunkelgrau und hellblau

In Barbaras Küche mit dem langen Tisch und den Korbstühlen ist es immer noch am gemütlichsten.
Oma sieht sich Bilder mit leckeren Gerichten in einem Kochbuch an. Sie ist emsig mit dem Umblättern beschäftigt.
Lena hat eine Lesebrille auf der Nasenspitze und darunter einen Roman. Ich betrachte beide, Mutter und Tochter, meine Oma und meine Mama.
Ob Lena das auch schon bemerkt hat? Mir kommt es jedenfalls vor, als ob es in Omas Kopf manchmal grau aussieht. Dann wird sie still und trübsinnig und scheint in Gedanken irgendwo weit weg zu sein.
Oft merkt sie es selbst, dass ihr Kopf nicht richtig mitmacht. Zum Beispiel, wenn sie kein passendes Wort findet und bloß Kuddelmuddel aus ihrem Mund kommt. Oder wenn sie nicht mitkriegt, was jemand anderer zu ihr sagt. Dann ist ihr Kopf voll schwarzer Gewitterwolken. Vorhin hat sie gejammert: „Ach, Irma ist mal wieder dusselig. Was macht man, wenn man keinen Kopf mehr hat ..."
Einen Kopf hat Oma noch, doch der stellt mit ihr an, was er will. Darin kann es sogar schon in der nächsten Stunde hellblau werden. Dann macht sie Witzchen und erzählt so ulkige Geschichten, dass wir lachen müssen.
Ich finde, heute Nachmittag sieht es in ihrem Kopf halb dunkelgrau und halb hellblau aus.
Ob ich es schaffe, sie ganz ins Hellblau zu holen?

Ich nehme Oma das Kochbuch weg und schiebe ein Foto vor sie. Darauf sind Lena und Barbara abgebildet, als sie noch klein waren. Jemand hat sie auf einem bunten Karussellpferd fotografiert. Sie tragen weiße Sommerkleidchen mit Rüschen und halten in den Händen Luftballons.
„Guck mal Omschi, Barbara und Lena."
Sie streichelt die Gesichter mit dem Zeigefinger. „Das sind meine Schilder. Wo stecken die eigentlich?"
„Barbara ist mit Roger in Portugal. Und Lena sitzt neben dir."
„Na, wenn das mal stimmt."
Lena legt ihr Buch beiseite. „Es stimmt, Mutti. Bloß, inzwischen passt mir das süße Kleidchen nicht mehr."
„Dann kannst du's ja mir schenken", sagt Oma voll Ernst.
Ich gucke Lena an, und wir platzen los vor Lachen. Da kichert Oma auch, und auf einmal ist in ihrem Kopf das allerschönste Hellblau!

Wir singen ihr den Kanon vor:

„Was mögen das für Bäume sein,
wo die großen E-le-fan-ten spazieren gehn,
ohne sich zu stoßen ..."

Eine halbe Stunde lang suchen wir alte Lieder aus dem Volksliederbuch. Oma schmettert mit uns mit und bekommt vor lauter Eifer rosarote Bäckchen.
„Jetzt haben wir uns aber einen kleinen Kaffeelikör verdient", kündigt Lena an, als sie das Liederbuch zuklappt. „Mutti, was hältst du davon?"
Omas Augen leuchten auf. „Eine ganze Menge!"

Später stellt Lena einen bequemen Liegestuhl unter den Nussbaum, und Oma legt sich für ein Nickerchen ins Freie.
Ich setzte mich mit meiner Mama an den Gartentisch.
„Eins will mir nicht in den Kopf", sagt sie leise, nachdem Oma eingeschlafen ist. „Warum hat mein Bruder uns ihren Zustand verschwiegen? Sie kann doch nicht erst seit gestern so verwirrt sein. Na

ja, durch ihren Sturz scheint es sich schnell verschlimmert zu haben. Aber für mich sieht es aus, als hätte er bewusst gewartet, dass er sie hier abliefern kann. Und nun ..."
Lena hat mindestens schon neunundneunzig Stoßseufzer ausgestoßen, seit sie in Mollberg ist, jetzt folgt der hundertste.
„Und nun wollen sie Oma nicht zurückhaben", flüstere ich. „Das ist richtig gemein."
„Vielleicht sogar besser", sagt Lena bitter. „Wo ein Mensch nicht willkommen ist, hat er es meistens nicht gut."
„Bei uns ist Oma jedenfalls willkommen. Und sie hat es gut!"
Lena nickt. „Die Frage ist, wie es weitergehen soll."

Ich betrachte meine alte Omschi. Sie liegt so entspannt im Halbschatten und lächelt im Schlaf. Ihrem Kopf sieht man nicht an, dass darin was in Unordnung geraten ist.
Hoffentlich hat sie ihre hellblaue Stunde noch, wenn sie aufwacht.

22

Sonjas Auftrag

„Pst, kommst du mal kurz, Lisann?" Sonja steht plötzlich am Gartentor.
Auf die bin ich seit gestern nicht mehr gut zu sprechen!
Extrem langsam latsche ich zu ihr.
Sie tritt von einem Bein aufs andere, als müsse sie sofort aufs Klo.
„Lisann, du musst mir unbedingt einen Gefallen tun. Geh bitte zu Finn und gib ihm diesen Zettel. Er ist ganz, ganz wichtig."
„Wieso gehst du nicht selber?"
„Weil ich glaube, Finn ..." Sie zuckt mit den Achseln und drückt mir ein gefaltetes Stück Papier in die Hand, das mit einem Tesastreifen zugeklebt ist. „Du darfst den Brief auf keinen Fall aufmachen. Und ihn auch niemandem zeigen. Versprochen?"
„Eigentlich hatte ich nicht vor, wegzugehen." Ich schiebe den Zettel in ihre Hand zurück.
Normalerweise hätte Sonja jetzt eine giftige Bemerkung abgesondert, zum Beispiel, dass ich eine doofe Eule bin. Diesmal sieht sie echt unglücklich aus.
„Du kriegst auch was von mir", verspricht sie.
„Nicht nötig, gib schon her. Ich gehe mit Oma nachher sowieso noch mal raus."
Ich stecke das Briefchen in meine Hosentasche.
„Danke, Lisann, du bist ein Schatz." Sie schmatzt mir einen Kuss auf die Wange, dreht sich um und wirbelt erleichtert weg.

Als Oma aufgewacht ist, schlage ich ihr vor: „Komm, wir gehen die Katzen besuchen."

Mit Katzen kann man sie immer locken, zumal Brunhilde sich schon einige Zeit nicht blicken lässt.

Was wohl in Sonjas Brief steht? Als wir losgehen, fühle ich ihn, als brenne er in meiner Hand. Es reizt mich, ihn zu öffnen und zu lesen. Aber so fies bin ich nicht, auch wenn es mich wurmt, dass Sonja mich als Briefbotin benutzt.

Finns Vater freut sich über den Besuch. Er fordert Oma und mich auf, uns vors Haus auf die Bank zu setzen. Die gescheckte Katze holt er aus irgendeiner Hofecke und setzt sie Oma auf den Schoß.

Heute springt sie gleich wieder runter, und Oma murmelt: „Hau doch ab, du Handfeger."

„Ist Finn zufällig zu Hause?", erkundige ich mich.

„Der ist mit dem Mofa unterwegs."

Mist, denke ich, den Zettel muss ich trotzdem loswerden.

Herr Hartmann erzählt Oma laut und deutlich, er sei arbeitslos, würde aber gerne noch berufstätig sein. Bloß, als Elektriker wolle ihn in seinem Alter keine Firma neu einstellen.

„Ja, ja, man hat's schwer", seufzt Oma verständnisvoll.

„Möchten Sie vielleicht was trinken?", fragt er.

Sie schüttelte den Kopf.

„Und du, Lisann?"

„Ein Glas Wasser. Hole ich mir selber, wenn ich darf. Ich kenne mich ja jetzt aus."

Ich gehe in den Hausflur. Eins, zwei, drei, vier Türen. Welches ist Finns Zimmer? Hat er überhaupt ein eigenes bei seinem Vater? Vielleicht im oberen Stockwerk?

Nein, am Ende des unteren Gangs klebt ein Motorrad-Poster an der Tür, nur das kann es sein.

Blitzschnell schiebe ich Sonjas Zettel drunter durch und hole das Wasserglas aus der Küche.

Die Tür zum Wohnzimmer ist nur angelehnt. Ich öffne sie etwas mehr. Ob da irgendwo was von Finn rumliegt?

Nichts zu entdecken. Keine Bücher, keine Comics. Keine Schuhe, keine Sachen. Aber auf dem Fensterbrett ... Steine!

Ich werfe einen raschen Blick darauf. Es sind unsere vom vorigen Sommer, die wir gefunden haben, oben an der Eiche neben der Bank. Er hat sie aufbewahrt. Wirklich.
Aber das hat bestimmt nichts weiter zu bedeuten.

Herr Hartmann hat sich zu Oma vors Haus gesetzt. Sie hält seine Hand umklammert, tätschelt drauf rum und erzählt ihm Dinge, die er nicht versteht. Er zuckt nur mit den Achseln und lacht verlegen.
Jetzt würde ich gern gehen, meinen Auftrag habe ich erfüllt. Aber Oma denkt nicht daran, sich zu erheben. Sie scheint sich hier sehr wohl zu fühlen.
„Oma, kommst du?"
Finns Vater bemerkt meine Ungeduld. „Geh ruhig schon ohne sie, ich bringe euch eure alte Dame heil zurück. Oma Irmchen, wir beide trinken erst noch ein Schlückchen Rotwein, in Ordnung?"
„Aber immer doch." Sie nickt erfreut. „Wenn wir sonst nischt zu saufen haben?"
Solche Wörter wie saufen hätte Oma früher niemals gesagt, denn sie ist eigentlich ein bisschen vornehm. Und ich weiß auch gar nicht, ob es Lena Recht ist, dass sie schon am Nachmittag Wein trinkt.
Andererseits - Oma ist kein kleines Kind, dem man sagen muss, was es darf. Lena und Susi trinken auch manchmal nachmittags Wein. Und ich werde Oma nicht verraten. Hauptsache, ihre hellblaue Stunde hält noch eine Weile an!

Gerade, als ich mich verabschiede, höre ich ein Geräusch näher kommen.
Finns Mofa!
Ich renne die Dorfstraße rauf. Weiß ich denn, was Sonja ihm geschrieben hat? Vielleicht, dass sie ihn liebt und sich heimlich auf der Burgruine Flackenstein mit ihm treffen will? Ich habe ein peinliches Gefühl, wenn ich an den Zettel unter Finns Tür denke. Ab jetzt will ich nichts mehr damit zu tun haben.
Das Mofageräusch bricht ab.
Doch kaum bin ich oben bei uns angelangt, knattert es wieder. Finn kommt die Straße rauf gefahren.

Schnell ins Haus.

Lena sitzt auf der wieder heilen Eckbank. Sie liest in einem Buch, neben sich eine Fliegenklatsche, die sie anscheinend kräftig betätigt hat. Fünf, sechs Fliegenleichen gammeln auf der Tischplatte.

Die Knatterkiste vestummt vor unserem Gartentor. Finn hält nicht vor Susis Haus, wo er Sonja finden würde, sondern bei uns!

Mir wird fast schlecht vor lauter schlechtem Gewissen, und eigentlich weiß ich noch nicht mal, weshalb.

Blitzschnell schließe ich mich in der Toilette ein und lege ein Ohr an die Tür. Hier komme ich vorläufig nicht raus, ich habe Flitzekacke oder sowas in der Art. Oder ich muss mich übergeben. Solange, bis Finn endlich wieder wegfährt!

23

Finn und ich

Finn fragt Lena nach mir, das verstehe ich durch die Tür.
„Lisann ist grad für kleine Mädchen", höre ich sie sagen. „Warte einen Moment. Möchtest du Tee mit Eiswürfeln?"
Ein Glas klappert, und sie unterhalten sich. Lange halte ich es doch nicht aus in dem engen Kabäuschen.
„Lisann? Lisann!", ruft Lena. „Alles in Ordnung?"
Ich bin feige. Warum eigentlich? Ich habe doch gar nichts verbrochen. Tief Luftholen, und dann raus.
Ich tue überrascht, als ich Finn bei Lena sitzen sehe. Doch in meinem Kopf leuchtet Sonjas Brief, als hätte ich selbst etwas Unmögliches geschrieben.
„Mein Vater sagt, du warst eben bei uns? Ich habe den Zettel gefunden." Finn zottelt ihn aus seiner Hosentasche und legt ihn auseinandergefaltet auf den Tisch. „Den hast du in mein Zimmer geschoben?"
„Eigentlich ist er geheim", betone ich vorwurfsvoll und fühle, wie ich rot werde.
„Hört, hört!" Lena grient spöttisch. „Was hast du Finn denn so Geheimes mitzuteilen?"
„Ich? Überhaupt nichts."
Finn lacht. „Aber hier steht: Hallo Finn, ich glaube, du kannst mich nicht leiden. Ich entschuldige mich, weil ich so abweisend zu dir war. Ich möchte mich gern mit dir treffen und mit dir reden. Nur, wenn du das auch willst. Schlag bitte vor, wo. Viele Grüße. - Sag bloß, Lisann, du kennst den Brief nicht?"

„Nein. Das heißt, doch. Ich habe ihn ja gebracht."
„Und du glaubst, ich kann dich nicht leiden? He, Goldhamster! Sei nicht so zimperlich, bloß weil ich manchmal Quatsch rede. Du bist ganz okay, das wollte ich dir nur sagen."
„Finn, den Brief habe ich wirklich nicht geschrieben. Nur gebracht. Da steht doch bestimmt ein Name drunter?"
„Eben nicht."
Lena erhebt sich. „Ich geh mal ins Gemüsebeet, Unkraut rupfen. Macht das untereinander aus."

Warum hat Sonja ihren Namen nicht darunter geschrieben? Glaubt sie, Finn würde sowieso erraten, von wem der Brief stammt?
Wenn ich gemein wäre, würde ich so tun, als stecke ich doch dahinter. Aber ich beiße mir auf die Unterlippe und schweige.
Finn zerknüllt den Zettel und schnipst ihn mit den Fingern durch die Gegend.
„Aus euch Mädchen soll man schlau werden."
Er trinkt sein Glas leer und steht auf.
„Warte, Finn! Findest du den Brief total doof?"
Er zuckt mit den Schultern. „Ich kann euch alle leiden, sonst würde ich ja nicht so oft zu euch kommen."
„Wäre gut, wenn du das Sonja sagst."
Finn guckt mich an wie ein Frosch, dann fängt er an zu grinsen. „Danke, das wollte ich wissen. Bleibt aber unter uns, versprochen?"
„Versprochen." Ich seufze erleichtert: Zettelaktion glimpflich überstanden.
Und diesmal verabschiedet sich Finn von mir sogar mit Faustknuff.

Ich sehe ihm nach, als er am Küchenfenster vorbeigeht. Er besucht Sonja im Zelt, aber das macht mir im Moment nichts aus. Sein Faustknuff - bin ich für ihn kein kleines Mädchen mehr? Akzeptiert er mich also doch? Scheint so!
Mit einem Mal kommt es mir vor, als würde die Sonne heller scheinen. Als sei der Himmel blauer geworden. Ich fühle mich froh und so leicht, dass ich tanzen könnte.
Warum nicht? Ich drehe mich im Kreis. Wie hat mich Finn genannt?

Goldhamster. Bestimmt wegen meiner goldblonden Haare. Hm. Na ja. Klingt ziemlich babyhaft. Aber auch irgendwie sehr nett. Und auf seinem Kinn habe ich ein Grübchen entdeckt, das auf und ab hüpft, wenn er lacht.
Vielleicht wird Sonja auch gleich tanzen?
Plötzlich bemerke ich etwas, wovor ich im nächsten Moment erschrecke: Ich habe Finn nie wirklich blöd gefunden. Ich wollte ihn nur blöd finden.
Bin ich auch ein bisschen verknallt in ihn? Hilfe, nein! Aber was soll es sonst sein, was in meinem Bauch so schön flattert, dass ich seufzen, lachen, singen, Quatsch machen könnte ...

Ich gehe in Lenas Schlafzimmer und stelle mich vor den hohen Schrankspiegel. Bah, in meinen Shorts und dem T-Shirt sehe ich aus wie eine aus der zweiten Klasse. Das muss ich ändern. Mit meinen Haaren sollte ich auch was anders machen. Ich könnte Gel rein massieren und sie hoch zwirbeln wie Finns ... Aber Quatsch, das würde nachgemacht aussehen.
In Lenas Koffer stecken noch ein paar Sachen von mir. Da ist der knallrote, kurze Rock und das schwarze Top. Genau das ziehe ich an.
„Lisann, was ist denn mit dir los?", tönt Jona, der eben zur Tür reinkommt. „Machst du Modenschau? Dasselbe hat Finn eben auch Sonja gefragt. Die hat sich verkleidet und angemalt wie eine Diva."
Sofort nagt wieder ein Funke Eifersucht in mir. Ich muss ein paarmal tief Luft holen, bis ich mich besser fühle. Was will ich denn noch - Finns Faustknuff ist doch auch was wert. Und wenn ich ehrlich mit mir bin, gönne ich Sonja, dass sie sich mit Finn wieder verträgt.

Ich möchte ein bisschen allein sein und schlendere zum gekreuzigten Jesus hinauf.
An den Wegrändern oberhalb der Dorfstraße blühen Wegwarte und Goldraute. Die Wiesen sind übersät mit Margeriten und anderen bunten Blüten und Gräsern.
Mit einem Arm voll komme ich zurück. Davon mache ich zwei Sträuße. Einen stelle ich auf den Tisch unter dem Nussbaum. Und da

Oma an ihrem Stock durch den Garten tappt, schenke ich ihr den anderen.

„Oh!", sagt sie überrascht. „Womit habe ich das verdient?"

„Das hast du verdient, weil heute ein besonders schöner Tag ist."

„Da haste recht." Oma drückt die Blumen an ihre Brust, und ihr faltiges Gesicht ist voller Lächeln.

24

Armin, schwarzer Mann

Ich sehe aus dem Badezimmerfenster und weiß schlagartig: Aus dem schönen Tag wird ein grässlicher. Wir kriegen Besuch, er kommt auf unser Haus zu.
Auf keinen Fall lasse ich mich jetzt blicken. Lena soll die Erste sein, die ihn begrüßt.
Ich schiebe die Wohnzimmertür einen Spalt auf und schaue erst mal nach Oma. Sie döst unter einer Decke auf der Couch. Da bin ich mal gespannt, was gleich passiert.
Es klopft an die Wohnzimmertür.
„Entschuldigen Sie, ich suche Lena. Die wohnt doch hier?"
Erschrocken zieht Oma die Decke unter ihre Nase, denn vor ihr ragt ein fremder Mann auf. Er ist ganz in Schwarz gekleidet und hält einen schwarzen Geigenkoffer in der Hand. Auch sein Haar ist schwarz, im Nacken zu einem Büschel gebunden.
„Was machen Sie hier?", fragt Oma streng. „Kennen wir uns?"
„Sorry, ich wollte Sie nicht erschrecken, aber ich finde sonst niemanden. Ich bin Armin, Lenas Freund."
„Da weiß ich nischt von", brummt sie unfreundlich und setzt sich aufrecht. „Gehen Sie mal schön nach Hause."
„Nee", sagt Armin amüsiert. „Ich bin doch nicht umsonst fünfhundert Kilometer gefahren!"
„Jetzt mach ich aber schlapp." Oma sieht ihn vorwurfsvoll an und hangelt mit den Zehenspitzen nach ihren Hausschuhen, ohne sie zu finden. „Junger Mann, Sie sind im Weg."

„Sorry", sagt Armin noch einmal und verschwindet in den Garten.
Ich lehne mich aus dem Fenster im Bad und sehe ihm nach. Ob Lena gleich ausflippt?
Er findet sie im Zucchinibeet, mit verschwitztem Gesicht - teils von der Hitze, teils vom anstrengenden Jäten. Ihre Arme kleben bis an die Ellenbogen voll Erde.
„Armin! Das ist ja ... Du bist mir nachgereist!" So sandig sie ist, fliegt sie ihm um den Hals.

Als Lena später gewaschen, mit dampfender Kaffeekanne unter dem Nussbaum erscheint, strahlt sie, als habe sie eine Million im Lotto gewonnen.
„Wer ist denn die niedliche Alte?", erkundigt sich Armin. „Die war ja eben ziemlich ruppig zu mir."
„Meine Mutter", sagt Lena, und es klingt wie ein lang gezogener Seufzer.
Ich gehe auch nach draußen.
Oma wackelt hinter mir her und setzt sich auf einen Gartenstuhl unter dem Kirschbaum.
Kaum gewahrt sie den schwarzen Mann bei Lena am Gartentisch, ähnelt ihre Miene einem verknautschten Mopsgesicht.
„Setz dich zu uns an den Tisch, Mutti, es gibt Kaffee!"
Omas Hände machen eine Bewegung, als wolle sie Ungeziefer verscheuchen.
Ich bin auch nicht gerade begeistert, dass Armin hier ist. Wir haben schon genug Trubel. Wenn er sich mit meiner Mama wieder wegen jedem Mist kabbelt, wird es ungemütlich.
Lena bringt Oma einen Pott Kaffee an ihren Stuhl.
Die trinkt kleine Schlückchen und beobachtet misstrauisch Lenas Besuch.
Sie und Armin setzen sich gegenüber, halten Händchen und reden leise. Oma und mich beachten sie nicht.
Jetzt zieht Armin meine Mama über den Tisch und küsst sie auf den Mund.
Omas Miene verdüstert sich immer mehr.

Auch meine Laune rutscht in den tiefsten Keller. Nie hätte ich geglaubt, dass er auftauchen könnte! Ich kann ihn nicht leiden, ich finde Armin egoistisch und dreist. Selten mal hat er Geld. Dass er zurzeit keinen Job findet, dafür kann er nichts. Aber muss er sich deshalb dauernd welches von Lena leihen, ohne es zurückzugeben? Lena ist auch nicht gerade reich.
Ich rücke einen Stuhl zu Oma und setze mich neben sie.
Und da kommen Sonja und Finn zu uns geschlendert - Hand in Hand, mit Leuchtaugen! Ihren Gesichtern sehe ich an, dass Sonjas Brief sie in glücklich Verliebte verwandelt hat. Darüber muss ich erst mal ganz tief Luft holen.
Jona, der Armin kurz begrüßen kommt, zieht sich beim Anblick der beiden sofort wieder ins Zelt zurück. Ich vermute, er leidet wegen Sonja.
Das kann ich gut verstehen, ich bin ja selbst ein bisschen angefressen. Es ist nämlich zum Trübsal blasen, wenn man erst elf ist, jemanden mag, aber noch nicht richtig zählt.
Sonja macht Fotos von uns allen. Oma wehrt das ab und zeigt weiter ihre Mopsmiene. Sie guckt immer feindseliger, je länger sie da sitzt.
„Spiel was auf deiner Geige, Armin!", schlägt Sonja vor.
„Soll ich wirklich? Okay."
Er hebt seinen Geigenkoffer auf den Gartentisch.
Bevor er den Schnappverschluss öffnet, blickt er vielsagend in die Runde. Klickklack, er klappt den Deckel hoch.
Lena beugt sich über den Kasten und bricht in Gegacker aus. Kein Musikinstrument liegt drin, sondern Armins Rasierapparat, sein Kulturbeutel, Socken und ein Stapel gefalteter Boxershorts.
Die beiden lachen, umarmen und küssen sich.
„Wie lange kannst du bleiben?", fragt Lena.
„Kommt drauf an", antwortet Armin, und damit kann meine Mama bestimmt unheimlich viel anfangen.
Die bemerkt gerade, dass Oma wütend aufgestanden ist.
In der einen Hand hält sie ihren Stock, in der anderen den Kaffeebecher. So kommt sie auf den Gartentisch zu. Urplötzlich knallt sie den Becher drauf, sodass er in zwei Hälften zerbricht. Dann hebt sie drohend ihren Stock und ist kurz davor, Armin damit zu verdreschen.

Er kann gerade noch ausweichen.
„Weg!", faucht Oma. „Raus hier, Halunke!"
Armin reißt ihr den Gehstock aus der Hand, und Lena umklammert Oma von hinten, damit sie nicht noch mal auf ihn losgeht.
Vor Wut fletscht Oma die Zähne und spuckt sogar auf Armin.
Es wird einen Moment atemlos still. Alle starren sie schockiert an.

„Tut mir so Leid, Armin", sagt Lena zitternd. „So aggressiv habe ich meine Mutter noch nie erlebt."
Ich auch nicht. Aus Omas Blick springt was Erschreckendes. Als ob der Teufel in sie gefahren ist! Sie bebt und atmet heftig. Dabei lässt sie Armin nicht aus den Augen.
„Die ist ja gemeingefährlich", stößt er aus. „So was gehört in die Klapsmühle!"
Es ist Finn, der jetzt Ruhe bewahrt. Sacht befreit er Oma aus Lenas Griff.
„Ist doch schon gut, Oma Irmchen. Dir tut niemand was."
Protestierend lässt sie sich zum Stuhl zurückführen. Mit Giftblicken verfolgt sie jede Bewegung des schwarzen Mannes.
Lena ist völlig fertig mit den Nerven. „Was ist bloß in sie gefahren ... Ich schwöre, so was hat sie noch nie gemacht."
„Dazu wird sie auch keine Gelegenheit mehr haben."
Armin teilt ihr knapp mit, er sei ohnehin nur auf der Durchreise. Zwar wäre er gern bis morgen geblieben, aber von verrückten alten Weibern lasse er sich nicht angreifen.
Seinen Geigenkasten klappt er wieder zu.
„Armin!" Flehend hält Lena seinen Arm fest. „Geh jetzt bitte nicht!"
Er schüttelt meine Mama ab.
„Alte Giftkrücke", zischt er Oma zu. „Dir sollte man den Hals umdrehen. Tschüs und danke für den Kaffee."

Nachdem er in seinen Wagen gestiegen ist und den Motor startet, fängt Lena hemmungslos an zu heulen.
„Hey." Finn legt den Arm um ihre hüpfenden Schultern. „Ich hab mal gehört, alte Leute und Kinder haben einen Instinkt. Die riechen ziemlich sicher, ob ein Typ okay ist oder nicht. Wenn du mich fragst ..."

„Ich frag dich aber nicht", schnauzt Lena ihn an.
Und da kräht Oma aus ihrem Gartensessel: „Gibt's denn heute keinen Kuchen?"
Finn und Sonja sehen sich an und prusten laut los.
Lena starrt mit feuchten Heulaugen auf ihre Mutter, als säße dort ein Gespenst.
Ich erwarte einen dreitägigen Aussetzer.
Doch nichts davon passiert.
„Ich glaub, ich spinne!", quiekt Lena und fasst sich an die Stirn. Und dann platzt ein Lachen aus ihrem Hals, wie die Welt kein zweites gehört hat.

25

Omas Beißerchen

Von der Kirchturmuhr dringen neun Schläge herauf, Zeit, aufzustehen.
Wir Zeltbewohner haben trotz lautstarken Flatterns der Planen geschlafen wie Maulwürfe im Winterschlaf. Den Stoffeingang haben wir von innen zugeknotet. So konnten sich nicht mal in meine Träume Monster, blutrünstige Vampire oder Mörder einschleichen.
Gut ausgeschlafen strecke ich den Kopf ins Freie. Draußen ist es viel kühler als im Zelt, Wind peitscht die Wiesengräser zu Boden und zottelt an den Zweigen der Büsche und Obstbäume. Irgendwo schlägt ein Fenster zu.
Die Wolken sagen, dass es bald Regen gibt.
Ab und zu mag ich Regentage. Die Luft duftet dann so schön frisch nach Erde und Pflanzen, eben richtig nach Natur. Und egal, was es für Wetter wird, ich weiß: Auf den schrecklichen gestrigen Tag folgt ein Wohlfühltag.
Zum Frühstücken marschieren wir im Gänsemarsch zu Lena.
Statt guten Morgen zu wünschen, knurrt sie: „Schietwetter."
Den dunklen Ringen unter ihren Augen sehe ich an, dass sie extrem schlecht drauf ist.
„Bist du noch deprimiert wegen Armin?", wage ich zu fragen.
„Na, soll ich Luftsprünge machen? Haut doch dieser Mistkerl einfach ab! Seinetwegen hatte ich eine schlaflose Nacht. Wegen Oma übrigens auch."
Jeder holt sich etwas anderes aus dem Kühlschrank: Jona Erdnuss-

butter und ein hart gekochtes Ei von gestern Abend. Ich kalte Pizza, Sonja Nudelsalat und Ketchup. Lena ist heute Morgen unfähig, uns mit gesundem Müsli, Obst, Joghurt und Saft zu versorgen. Omas Auftritt und Armins Abtritt haben ihr gründlich die Laune versalzen.
Deshalb verrate ich ihr kein Sterbenswort, wie froh ich darüber bin. Für meinen Geschmack war Lenas Freund schon immer ein Saukerl, den sie nicht verdient. Er besucht sie und haut ab, wann es ihm in den Kram passt. Verabredungen hält er grundsätzlich nicht ein, und dann ist meine Mama jedes Mal am Boden zerstört.
Ich kann nicht begreifen, dass sie ihm nachweint. Er soll bloß nicht auf die Idee kommen, sie zu heiraten. Wenn er sie dazu rumkriegen will, nehme ich mir ein Beispiel an Oma und besorge mir auch einen Gehstock!

Oma fehlt übrigens beim Morgenkaffee. Sie hat Drehschwindel und kann noch nicht aufstehen.
„Sie hatte eine unruhige Nacht. Um Mitternacht hat ein Engelchen vor mir gestanden", erzählt Lena gähnend. „Oma in ihrem weißen Nachtgewand. Von oben bis unten nass. Ihr Bett auch. Stellt euch vor, was sie da gesagt hat: Hau mir eine runter, ich bin ein altes Schwein. Ach Lisann, ich kann dir gar nicht sagen, wie Leid sie mir getan hat."
Ich verspreche Lena, heute Nacht im Haus zu schlafen und aufzustehen, falls es Oma noch mal passieren sollte.
Durch Lenas Zähne kommt ein Seufzer. „Mir ist vollkommen schleierhaft, wieso sie gestern so ausgerastet ist."
„Vielleicht war sie eifersüchtig auf Armin", vermute ich. „Weil ihr sie nicht beachtet habt."
Jona schüttelt den Kopf. „Deswegen schmeißt Oma doch nicht mit Tassen rum und kloppt mit dem Stock drauf los."
„Und wenn sie gedacht hat, Armin ist jemand anderer?"
Lena zuckt mit den Schultern. „Das könnte immerhin eine Erklärung sein. Aber wem ähnelt Armin? Es müsste jemand sein, den Oma auf den Tod nicht leiden kann."
Da uns niemand einfällt, holt Lena aus Barbaras Schublade einen grauen Karton mit alten und neueren Fotos unserer Familie.

Gemeinsam schauen wir uns unsere Verwandten an, von denen viele schon gestorben sind.
Nach einigem Gewühle hält Jona ein altmodisches Schwarz-Weiß-Foto in die Höhe. „Sieht der nicht so'n bisschen aus wie Armin?"
Auf dem Bild sehen wir einen jungen Mann. Seine dunklen Haare sind angeklatscht nach hinten gekämmt. Er hat einen schwarzen Anzug an und in der Hand eine längliche schwarze Tasche. Seine Augen starren vorwurfsvoll in die Kamera, als wollte ihm der Fotograf gleich faule Tomaten ins Gesicht schmeißen. Lena entziffert den Namenszug auf der Rückseite: Johann Alfred Roschke.
„Irma Roschke, das ist Omas Mädchenname. Dann ist das ihr Vater, mein Großvater und euer Urgroßvater."
„Der war total streng", sage ich. „Das hat mir Oma mal erzählt. Sie hatte Angst vor ihm, weil er sie manchmal mit dem Rohrstock verdroschen hat. Einmal bloß deshalb, weil sie abends eine Stunde zu spät nach Hause gekommen ist. Das war Kindesmisshandlung!"
„Ja, aber früher glaubten manche Väter, sie hätten das Recht, ihre Kinder zu verprügeln", seufzt Lena. „Mit der Rechtfertigung, eine strenge Hand habe noch niemandem geschadet. Heutzutage gibt es von der Sorte Väter leider auch noch genug, und die kommen ungestraft davon, weil ihre Kinder sie nicht anzuzeigen wagen. Aber das ist ein anderes Thema, über das ich mich jetzt nicht aufregen will."
Darüber hätte Lena sich bestimmt trotzdem noch eine Weile ausgelassen, aber von der Tür zum Nebenzimmer ist ein dünnes Stimmchen zu vernehmen: „Ich wollte euch gerade besuchen."
Oma steht barfuß im weißen Flatternachthemd da. Ohne Gebiss sieht ihr Gesicht viel schmaler aus als sonst.
„Guten Morgen, Mutti. Endlich ausgeschlafen, alte Schlafmütze?" Lena nimmt sie in die Arme. „Komm, wasch dich erst mal und zieh dich an. Ich helfe dir. Dann gibt's Frühstück."

Sie bringt Oma ins Badezimmer.
Fünf Minuten später ruft sie: „Kann mal eben einer kommen? Ihre Zahnprothese ist verschwunden. Helft mir suchen!"
Oma hat am Unterkiefer ein kleines Metallgerüst mit künstlichen

Zähnen, die sie auf ein paar echte stecken kann. Einer davon ist aus Gold.

Jona und ich suchen in allen Ecken.

Nichts.

„Mutti!", bohrt Lena. „Wo hast du deine Zähne hingelegt? Denk noch mal nach!"

Oma fasst hilflos in ihren Mund und zuckt mit den Achseln.

Ich schaue in ihrem Bett nach, im Brillenetui, im Papierkorb und aus Jux hebe ich noch den Toilettendeckel hoch.

„Ihr glaubt es nicht!"

Wie ein kleiner Goldschatz auf dem Grund eines Sees glänzt der Goldzahn in Omas Beißerchen.

„Ach du Schande", murmelte Lena. „Wahrscheinlich hat sie die Biester nicht reingekriegt und dann weg damit."

Gleich darauf macht Lena noch einmal Wasser heiß. Nicht für Omas Kaffee, sondern zum Reinigen ihrer ins Klo getunkten Zähne.

Lena schüttelt immer wieder ungläubig den Kopf. „Für übermorgen habe ich vorsichtshalber einen Arzttermin ausgemacht. Ich will Oma gründlich untersuchen lassen und nicht warten, bis Barbara zurück ist. Vielleicht hat sie noch einen kleinen Schlaganfall dazubekommen?"

Später zeigt sie ihrer Mutter das Foto, auf dem der dunkelhaarige Mann streng dreinschaut.

„Mutti, wer ist das?"

Oma starrt darauf und beugt den Kopf so nah darüber, dass sie fast mit der Nase drauf stippt. „Vater."

„Aha", sagte Lena. „Warum guckt der eigentlich so böse?"

Mürrisch sieht Oma hinter sich. „Ist er hier?"

„Aber nein, er ist schon lange tot."

„Na, da kann man sich nicht drauf verlassen." Verächtlich schiebt Oma das Bild beiseite. „Der soll mir ja nicht kommen! Und jetzt lassen Sie mir die Runde."

Lena holt tief Luft.: „Den Rohrstock hast du ihm wohl nie verziehen ... Kann ich gut verstehen."

„Och du arme." Ich umschlinge Omschis Hals. „Da haben wir's mit

Lena besser. Die kriegt nur öfter mal ihren Dreitage-Aussetzer. Oder sie brüllt uns an."

„Ich brülle sie an?", staunt Oma. „Ich bin doch kein Löwe."

Tolle Wendung unseres Gesprächs!

Löwe ist mein Stichwort, um ein bisschen Quatsch zu machen. Ich fange an zu brüllen wie ein Löwe, schiele und packe Oma mit Krallenpranken.

Sie ahmt mich nach und kann darüber herzhaft kichern.

Ja, so verrückt ist das mit ihr: Gerade noch ist sie mürrisch, aber von einer Minute auf die nächste kann man sie davon ablenken.

Manchmal wünschte ich, das würde auch bei mir funktionieren!

26

Miau sagt das Schwein

Als es am Nachmittag in Strömen pladdert, fällt mir ein, was ich noch gar nicht aus meinem Rucksack gepackt habe: mein himmelblaues Tagebuch mit den aufgedruckten Maiglöckchen. Dafür habe ich ein Schlüsselchen, sodass ich meine Gedanken darin vor Neugierigen wegsperren kann.

Eigentlich wollte ich jeden Tag aufschreiben, was in den Ferien passiert. Das habe ich bisher total vergessen.

Im Augenblick ist der Garten eine einzige Regenpfütze, und in Barbaras gemütlicher Küche steht ein schöner, trockener Tisch. An dem blättern bereits Susi und Lena Zeitschriften durch. Aber der Tisch ist ja lang genug für uns alle.

Als erstes werde ich schreiben, dass ich neuerdings einen sehr schönen Schreck bekomme, wenn Finn auftaucht. Dass ich davon aufgeregt nach Luft schnappen muss und mir innendrin ganz prickelig wird.

Warum ist das erst seit zwei Tagen so? Der Grund ist vielleicht derselbe, warum Sonja manchmal den öligen Blick bekommt. Oh nein, nur das nicht! Obwohl ich sie auf einmal verstehe. Aber das soll nur mein Tagebuch erfahren.

Ich kaue am Stift. In meinem Kopf herrscht ein Durcheinander von Eindrücken, dass ich doch nicht weiß, womit ich anfangen soll.

Mit Sonjas Film, zu dem wir Küchenmusik erfunden haben? Mit Finns grüner Stehsträhne und dem Grübchen auf seinem Kinn? Oder dass seine Stimme manchmal ulkig gluckst, weil er im Stimmbruch ist?

Nein. Mit Oma werde ich den Anfang machen. Sie ist nicht mehr meine fröhliche Omschi vom letzten Jahr. Sie kann neuerdings unheimlich garstig werden.
Aber gern habe ich sie trotzdem. Sogar lieber als vorher, weil sie mir so hilflos vorkommt. Oft weiß sie gar nicht, welcher Tag gerade ist, welche Leute um sie herum sind, wo sie sich befindet. Als ob in ihrem Kopf ein fieser Zwerg sitzt, der alles in Unordnung bringt.
Letztes Jahr ist sie mit Jona und mir noch mit dem Bus in die Stadt gefahren. Wir waren im Zoo, Eis essen und im Kino. Wir sind stundenlang spazieren gegangen, und da war Oma richtig gut drauf.
Das ist vorbei.
Manchmal kommt es mir vor, als sei sie jetzt jemand anderer. Sie sieht mich an, aber ich merke, sie guckt durch mich durch. Und Lisann sagt sie auch nur noch selten zu mir, bloß Mädchen oder na du. Als ob sie vergessen hat, wer ich bin. Mit den anderen ist es genauso. Es bedrückt mich sehr, dass sie sich so schrecklich schnell verändert hat.

Ich unterbreche mein Gekritzel. Lena und Susi unterhalten sich gerade über Oma, die unruhig durch das Haus wandert.
„Das Problem mit Mutti trifft mich mit voller Wucht", stöhnt Lena. „Zwar war sie ja vor einem Jahr auch schon ein bisschen schusselig, und deshalb hat mein Bruder jeden Tag nach ihr geschaut. Dass es derart schlimm geworden ist - kein Wort von ihm. Vielleicht rufe ich Barbara und Roger doch an."
„Lass es", rät ihr Susi. „Sie sind bald zurück, gönn ihnen die paar sorglosen Tage in Portugal."
Oma scheint zu spüren, dass sich das Gespräch um sie dreht. Sie geht auf und ab durch alle Räume und lässt den Stock extra laut poltern. Wenn sie am Küchentisch vorbei kommt, stöhnt sie vor sich hin: „Ach Irma, wo bist du hingeraten. Schmeißt mich doch weg, dann seid ihr mich los ... Ich will nach Hause, aber die lassen mich ja nicht ... Nicht mal ein eigenes Bett hat man ..."
Irgendwann platzt Lena der Kragen. „Hör auf zu jammern und setz dich her zu uns. Du machst Urlaub hier in Mollberg! Du hast ein ganzes Zimmer mit einem Bett für dich allein. Alle sind lieb zu dir,

und ich bediene dich von morgens bis abends. Nun sei auch mal zufrieden, Mutti."
Oma bleibt vorwurfsvoll stehen. „Reden Sie nicht so markant!"
„Oh, auf einmal spricht sie dich mit Sie an", sage ich.
So traurig es ist, wir müssen lachen.
Nachdem sich Oma widerstrebend auf die Bank gesetzt hat, schiebt Lena ihr Gesicht dicht vor Omas. „Hast du etwa vergessen, wer ich bin?"
„Na, eine von hier", brummt sie mit ihrer dunklen Stimme.
„Deine Tochter Lena bin ich."
„Wer?"
Lena klopft auf den Bauch ihrer Mutter. „Da war ich mal drin. Du bist meine Mutti und hast mich geboren. Also bin ich deine Tochter, stimmt's?"
Oma stutzt einen Moment, dann sagt sie verschmitzt: „Weißt du, was du bist? Mulleken Doof bist du."
Lena und Susi bekommen einen Heiterkeitsanfall. Und wieder passiert das Erstaunliche: Oma fällt fröhlich in ihr Gekicher ein.

Aus dem Tagebuchschreiben wird nichts Richtiges. Ich kann mich nicht konzentrieren, denn Oma redet nun von ihrer Großmutter und ihrer Schwester Nanni.
„Da müsste ich auch mal wieder hin. Von selber kommen die ja nicht."
„Mutti", klärt Lena sie auf. „Großmutter und Nanni liegen schon jahrelang auf dem Friedhof."
Oma schaut sie erschrocken an. „Aber wieso sagt mir das keiner?"
Langsam füllten sich ihre Augen mit Tränen.
Lena bereut sofort, dass sie die Wahrheit ausgesprochen hat.
Sie zieht Oma an sich. „Ach Mutti, Großmutter und Nanni sind doch da gut aufgehoben."
„Stimmt das auch wirklich?"
Lena nickt heftig.
Sie holt eine Schachtel Pralinen. „Mach mal den Mund auf."
Oma lässt sich mit Süßem füttern, doch dabei starrt sie auf einen Fleck an der Wand und knetet ihre Finger.

Um sie abzulenken, stelle ich kleine Gegenstände aus unserer alten Spielzeugkiste auf den Tisch: einen hölzernen Pferdestall mit zwei geschnitzten Pferden, drum herum Gänse und ein Schaf, Bäume und Zäune.
Eine Weile guckt Oma gleichgültig darüber weg. Als noch ein Bauer, ein Hund und ein Schwein dazukommen, blinzelte sie hin.
„Wawuff!" Ich lasse den Hund am Bauern hochspringen.
Oma tippt mit dem Finger auf den Hut des Bauern. „Der hat'n Schlappen am Schädel."
Ich belle, grunze, wiehere, meckre, krähe und lasse die Bauernhoftiere über die Tischplatte springen.
„Jetzt müssen die Pferde Heu zu fressen kriegen." Ich knülle Papier zusammen und lege es vor die Tiere.
„Und was zu saufen." Oma hält eine Praline unter ihre Nüstern.
Immer munterer geht es auf dem kleinen Bauernhof zu. Es dauert nicht lange, da ist auch Oma voll Spaß dabei. Sie erzählt lustige Sachen, kichert, schiebt Tiere hin und her und bellt wie ein Hund.
Auf einmal lässt sie das Schwein hüpfen und macht: „Mijau!"
Wir biegen uns vor Lachen.
Nein, das heißt nicht, dass wir Oma auslachen. Sie steckt uns an, denn sie ist urkomisch. Und als sie merkt, dass sie die gute Stimmung als Erfolg für sich verbuchen kann, hört sie gar nicht mehr auf mit Miauen.

Neugierig schleicht Brunhilde herein, legte den Kopf schief und spitzt die Ohren.
Im Nu wird der Bauernhof für Oma uninteressant. Mit zärtlichem Gurren lockt sie den Kater auf die Bank und hört sich an, als sei sie selber eine Taube.
Brunhilde springt ihr tatsächlich auf den Schoß.
Oma krault sie und brabbelt sanft: „Na Mulleken, du Satansbraten, wo haste denn deine Mauserei?"
Jetzt bin auch ich abgeschrieben.

27

Burgruine Flackenstein

Die Ferien vergehen wie im Flug – das Ferienende nähert sich schon wieder um einen Tag. Heute zeigt sich der Himmel in feucht grauem Gewand. Im Lauf des Vormittags zerreißen die Regenwolken und lassen tiefes Blau durch ausgefranste Löcher leuchten. Schwüles Sommerwetter mit vielen Mücken ist angesagt.

Finn schlägt vor, den Nachmittag auf der Burgruine Flackenstein zu verbringen.
„Da oben ist es windig und viel frischer. Wenn es klar bleibt, könnten wir doch wieder mal im Freien übernachten. War doch cool letztes Jahr, Lisann, oder? Stockdunkel, tausende von Sternen so nah, als könne man sie vom Himmel abpflücken. So was bekommst du in der Stadt nicht zu sehen."
„Ich weiß. Vielleicht fallen Sternschnuppen? Dann hätte ich schon ein paar Wünsche.", sage ich und lächle Finn an.
Nie hätte ich vermutet, dass er so schön über Sterne reden kann.
Eine Sternschnuppe würde ich für mich reservieren. Eine für Finn, damit er so nett zu mir bleibt wie in den letzten Tagen. Und auf jeden Fall eine für Omschi. Unbedingt, denn der darf nichts passieren.
Dass sich Finn nicht mehr so viel aus Sonja macht, könnte ich mir natürlich auch noch wünschen. Doch so eine gehässige Zicke will ich nicht sein.
Jedenfalls löst seine Idee, die Nacht auf der Burg zu verbringen, allgemeine Begeisterung aus. Sonja nimmt sich vor, dort weiter zu filmen.

Der restliche Tag verspricht spannend zu werden!

Für den Fall, dass uns ein Burggeist um Mitternacht in Angst und Schrecken versetzt, bieten sich Herr Hartmann und Pablo als Beschützer an. Außerdem soll alles Mögliche zur Burgruine transportiert werden: Proviant, Getränke, Schlafsäcke, Iso-Matten, warme Pullover, Ferngläser, ein Rost für den Grill. Und für die beiden Männer Flüssignahrung in Weinflaschen.
All das laden wir gemeinsam in Herrn Hartmanns Kombiwagen.
Oma nimmt ihren Sommermantel vom Kleiderhaken. „Müssen wir los?"
„Nein Mutti, du bleibst bei mir", erklärt ihr Lena. „Wir machen es uns hier gemütlich."
„Aber ich muss nach Hause, die sind da schon ganz tuckelig."
Omas Hilflosigkeit gibt mir einen Stich ins Herz. Wie klein und zerbrechlich sie aussieht und wie verloren sie zuschaut, als wir unser Gepäck zum Auto tragen.
„Omschi, morgen sind wir alle wieder da", tröste ich sie. „Dann spielen wir wieder was Lustiges, ja? Und mit Lena ist es doch auch schön."
Ich will ihr einen Wangenkuss geben, doch Oma dreht betrübt den Kopf weg und murmelt: „Ach Gott, Irma, zu nischt biste nütze."
Zu meiner Verwunderung lässt sie sich aber von meinem Bruder einen Schmatz verpassen.
„Oma", sagt er. „Wir haben dich doch alle lieb."
Sie wackelt mit dem Kopf, als würde sie ihm nicht glauben.
Da drückt Jona sie noch einmal und betont: „Stimmt aber wirklich, Oma."
In diesem Moment finde ich, dass ich einen ziemlich brauchbaren Bruder habe.
Lena ruft: „Mutti, wenn du zu was nütze sein willst, darfst du nachher Kartoffeln schälen. Machst du das?"
„Sehn wir mal, wie's meine Pfoten manschen."
Ja, das ist meine Oma. Mit ihren seltsamen Sätzen. Mit ihren Stimmungen, die hin und her kippen wie auf einer Schiffschaukel. Mit dem Chaos in ihren fast achtzigjährigen Gehirnzellen.

Ich habe großes Mitleid mit ihr. Und noch immer hoffe ich, dass sie eines Morgens aufsteht, ihr Kopf wieder in Ordnung ist und sie putzmunter sagt: „Wie ist es, wollen wir heute in die Stadt fahren und einen Einkaufsbummel machen?"

„Lisann, beeil dich, wir gehen los!", holt mich Sonja aus meinen Gedanken.
Herr Hartmann fährt mit Pablo den Schotterweg voraus, der durch den Wald vier Kilometer sacht bergauf führt.
Finn, Sonja, Jona und ich nehmen einen Abkürzungspfad. Es ist eine Wanderung von einer halben Stunde. Wir müssen kein Gepäck tragen und können rennen, springen und toben, so viel wir wollen.
Als wir oben ankommen, ruft Herr Hartmann uns entgegen: „Mann oh Mann, ihr habt mit eurem Gebrüll sämtliche Eichhörnchen, Elche, Bären und Wölfe verscheucht."
„Klar, und alle Schnecken, Regenwürmer und Mistkäfer", sagt Jona grinsend.
Die Burgruine besteht aus befestigten Restmauern, in denen man klettern darf. Es gibt einen stehen gebliebenen Torbogen und einen dicken, gut erhaltenen Turm, den Bergfried.
Für den hat Finns Vater einen schweren, gusseisernen Schlüssel aus früherer Zeit mitgebracht. Manchmal verirren sich Wanderer nach Mollberg und möchten den Aussichtsturm besteigen. Dann können sie sich den Schlüssel zu Hause bei ihm abholen. Am Ortseingang kann man das auf einem Hinweisschild lesen.

Zuerst kraxeln wir hintereinander die muffig düstere Wendeltreppe hinauf, Pablo als Erster.
Die Aussicht von der Plattform beeindruckt uns alle, niemand redet ein Wort.
Wir lassen unsere Augen spazieren gehen und sehen dasselbe wie die Vögel aus der Luft: ein sanftes, grünes Tal, einen glänzenden Bach, den Wald, ferne Bergzüge, hellgraue Wolken auf einem Himmel, dessen Farbe mich an Milch erinnert.
Weiter entfernt gibt es eine schroffe Felswand mit einer geheimnisvollen Höhle auf halber Höhe. Sie sieht aus wie ein aufgerissenes Maul.

Die Umgebung wirkt so friedlich und still, dass ich für einen Moment überwältigt den Atem anhalte.

Nach der Turmbesteigung richten wir eine windgeschützte Ecke des Burghofs mit unseren Schlafsäcken und Iso-Matten her. Dann bauen Pablo, Herr Hartmann und die Jungs einen Grill aus losen Steinen und einem Backofenrost.

Ich sammle inzwischen mit Sonja am Waldrand Holzstücke.

Bald hocken wir im Kreis um ein Feuer, Finn zwischen mir und Sonja, neben ihr Jona. Die Männer grillen Würstchen und rösten Paprikaschoten, Kartoffelscheiben und Weißbrot.

„Eigentlich kennen wir uns jetzt lange genug", sagt Pablo zu Herrn Hartmann und klopft ihm auf die Schulter.

Die Männer prosten sich mit Wein in Pappbechern zu und sagen ab sofort Pablo und Johannes zueinander.

Finn greift nach der Würstchenzange auf dem Rost und fuchtelt damit in der Gegend rum.

„Ich bin der Ritter Rodrian! Fremdlinge, was bringt ihr uns in unsere heiligen Burgmauern? Drogen, Schnaps, Wanzen, Flöhe? Habt ihr was zu verzollen? Sprecht das Passwort, oder ihr seid des Todes!"

Jona, der sich sich einen Stock geschnappt hat, springt Finn entgegen.

„Der Degen ist meine Antwort!"

Wir erleben einen Fechtkampf mit einem krummen Stock und einer Würstchenzange und feuern beide lautstark an, bis aus Pablos Hemdtasche eine Melodie dudelt.

Er zückt sein Handy und horcht hinein.

„Gebt mal eben Ruhe!", ruft er. Einen Moment schweigt er betroffen, dann stößt er aus: „Wir kommen sofort runter. - Kinder, lasst alles stehen und liegen, eure Oma ist verschwunden. Wir müssen sie suchen."

„Ach, die ist doch sicher bloß wieder bei ..."

... Herrn Hartmann, die Katzen besuchen, will ich sagen.

Aber das kann diesmal nicht sein, denn er ist bei uns und löscht gerade mit Mineralwasser das Feuer.

28

Vom Erdboden verschluckt

Omschi, denke ich, liebe, liebe Omschi, mach doch bitte nicht wieder solche Sachen.
In meinem Kopf laufen sekundenschnelle Kurzfilme ab:
Oma wankt die Straße entlang, es knallt, ein Auto hat sie angefahren, sie liegt blutüberströmt auf der Straße, Fahrer flüchtet, niemand in der Nähe ...
Oma irrt verzweifelt im Wald zwischen schwarzen Tannen umher, stolpert, verliert ihren Stock, wird von Wildschweinen angegriffen ...
Oma stürzt, bricht sich ein Bein, wird von bösartigen Menschen verschleppt, wir hören nie wieder was von ihr ...
Diesmal ist es ernst, das fühle ich wie ein schlimmes Vorzeichen.
Mir wird schwindelig, ich muss mich gegen die Mauer lehnen. In meinen Körper ist die Angst gefahren wie ein dunkles Gespenst.
„Los, los", drängt Pablo. „Quetscht euch ins Auto."

Ein Arm legt sich um meine Schultern und schiebt mich von der Mauer weg zum Wagen draußen vor dem Tor. Es ist Finns. Das befreit mich ein wenig aus meiner Angststarre.
Er wirft sich neben Sonja auf den Rücksitz. Der Wagen ist gerappelt voll, ich finde nur noch auf Finns knochigen Knien Platz.
Als Herr Hartmann losfährt, umklammere ich krampfhaft die vordere Sitzlehne.
Zwei Pulloverarme umhüllen mich, und da lasse ich mich einfach hineinfallen und fange an zu heulen.

Finn rüttelt mich aufmunternd. „Hey Pusteblume, wird schon nicht so schlimm sein."
„Pusteblume?", schniefe ich.
„So siehst du gerade aus." Er pustet meine Haare an wie eine echte Pusteblume.
Nicht mehr lange, dann ist es draußen dunkel. Die Sonne schiebt sich schon hinter die Bergkette am Horizont. Wir müssen Oma finden, bevor es Nacht wird!
Den Gedanken, sie könnte in der Dunkelheit irgendwo hilflos umherirren, kann ich kaum ertragen.
„Vielleicht ist sie ganz in der Nähe", macht mir Finn Hoffnung.
„Weit kann sie doch gar nicht gekommen sein."

Lena erwartet uns vor der Tür. Sie ist vor Aufregung völlig außer sich.
„Mutti hat ihren rotkarierten Koffer mitgenommen und lauter Sachen aus ihrer Kommode eingepackt. Aber das meiste ist noch hier. Anscheinend hat sie meinen Wintermantel aus dem Schrank angezogen, der steht offen, und der Mantel ist weg." Sie macht eine Pause, dann sagt sie mit erstickter Stimme: „Die Polizei habe ich noch nicht benachrichtigt."
Wir beschließen, eine Stunde abzuwarten. Ich halte fest die Daumen, dass wir Oma in der näheren Umgebung finden.
Wieder machen wir uns mit Handys auf den Weg. Meins habe ich vergessen aufzuladen, aber Finn kann mit seinem telefonieren.
Herr Hartmann steigt mit Jona in seinen Kombi, Pablo und Sonja in Susis Auto. Sie fahren in entgegen gesetzten Richtungen davon.
Finn begleitet mich zum Schuppen unten an der Wiese, dann zu der Bank, wo die Pünktchensteine liegen.
Aber meine Vermutungen, wo Oma hingegangen sein könnte, erfüllen sich nicht.

Schließlich rennen wir die Dorfstraße runter.
Ich reiße die Tür vom Gasthaus „Jägerstübli" auf und scheuche ein paar Männer von ihren Bieren hoch.
„Hat jemand meine Oma mit einem rotkarierten Koffer gesehen?"
Nur Kopfschütteln.

Der Gastwirt tritt hinter dem Tresen vor, ruft seinen Hund und nimmt ihn an die Leine. Er will uns suchen helfen, das finde ich total nett.
„Wir nehmen das Mofa."
Finn stülpt mir einen Helm über.
Ich klemme mich auf den Sitz hinter ihm und umklammere ihn, so fest es geht, denn auf so einem Vehikel bin ich noch nie mitgefahren. Steinige Wald- und Feldpfade holpern wir entlang, dann das Stück asphaltierten Weg zum Wasserwerk. Zuletzt biegen wir auf die schmale Landstraße.
Ich drehe den Kopf hin und her. Nichts entgeht meinen Augen, doch die Gegend scheint ausgestorben zu sein.
Als uns endlich zwei Radfahrer entgegen kommen, bremst Finn sofort ab und fragt sie.
Den beiden ist nirgendwo eine alte Frau aufgefallen.

Am Ortseingang von Rossenheim, einem fünf Kilometer entfernten Nachbarort, ruft Finn nach hinten: „So weit kann sie doch gar nicht ihren Koffer geschleppt haben."
Wir machen Halt.
„Vielleicht ist sie von Mollberg mit dem Bus gefahren?"
„Kann ich mir zwar nicht vorstellen, aber halt dich wieder fest, Lisann. Wir drehen noch eine Runde durch Rossenheim."
In der Bäckerei erfahren wir, dass außer dem Schulbus morgens und mittags kein Bus fährt. Eine ältere Dame mit rotkariertem Koffer hat auch hier niemand beobachtet.
Auf der Rückfahrt nach Mollberg werden wir von einem eiligen Polizeiauto überholt. Und als wir wieder am Gehöft ankommen, steht die weiß-blaue Funkstreife vor unserer Haustür.

29

Abendliche Mofatour

„Mehr als durch die Gegend fahren können wir auch nicht", erklärt einer der beiden Polizeibeamten Lena. „Bevor wir Verstärkung aus der Stadt anfordern und Trupps mit Hunden losschicken, suchen wir noch mal die Gegend ab."
„Aber meine Oma wird einen Schreck bekommen, wenn sie zu zwei Polizisten ins Auto steigen soll", gebe ich zu bedenken.
„Dann soll jemand mitkommen, den sie kennt."
Herr Hartmann und Pablo kehren gerade erfolglos von ihrem Suchausflug zurück. Aber Sonja und Jona erklären sich bereit, in den Streifenwagen zu steigen, nachdem der Fahrer versprochen hat, sie wieder in Mollberg abzusetzen.

Und wir anderen, wo suchen wir weiter?
Im Umkreis weniger Kilometer kenne ich nur die Dörfer Kauerbach, Nahestedt und Pollern.
„Also, wohin zuerst?", fragt mich Finn.
„Kauerbach", sage ich, denn ich stelle mir sofort vor, Oma kauert dort am Ufer eines Bachs mit dem Namen Kauerbach und pflückt Blümchen.
„Komm Lisann, alles wird gut, wirst sehen." Finn legt kurz seinen Arm um mich und rüttelt meine Schultern.
Das macht mir wirklich so viel Mut, dass ich ihm glaube.
Ich springe wieder zu ihm aufs Mofa. Er rast so schnell los, dass ich mich an seinem Gürtel festkrallen muss. Obwohl ich nie auf so einer

Kiste gesessen habe, fühle ich mich sicher. Mit Finn fühle ich mich überall sicher, und ich bin ehrlich gesagt stolz, dass er diesmal nicht Sonja, sondern mich mitnimmt.

Die Sonne hat sich inzwischen verabschiedet, am Horizont ist nur noch ein langer, lachsfarbener Streifen zwischen dunklen Wolken zu sehen. Wir müssen uns beeilen.
Ich recke den Kopf in alle Richtungen, damit mir keine Kleinigkeit entgeht. Wir sausen wieder über die Landstraße, diesmal in die andere Richtung. Zum Glück ist sie nicht stark befahren. Nur drei Autos überholen uns, dann ist es ruhig.
Kauerbach liegt auf einer leichten Anhöhe, versteckt zwischen bewaldeten Hügeln. Es besteht aus wenigen Häusern und einem großen Schweinemastbetrieb. Hier gibt es keinen Laden, keine Bäckerei, keinen Gasthof, wo wir uns nach Oma erkundigen könnten. Der Ort wirkt so unbewohnt wie der Mond.
In zwei Minuten haben wir ihn durchquert, und am liebsten würden wir ganz schnell weiterfahren, denn überall stinkt es nach Schweinemist und Schweinemast. Doch ein Gefühl sagt mir, dass wir nah bei Oma sind. Ich kann es mir nicht erklären, aber so ist es.
Als wir kehrt machen, kommt uns ein Mann mit zwei großen schwarzen Hunden entgegen. Finn fährt auf ihn zu, hält aber wegen der Hunde ein paar Meter Sicherheitsabstand.
„Entschuldigung, wir suchen eine alte Frau. Sie ist ungefähr einen Meter sechzig groß und hat einen rotkarierten Koffer bei sich."
„Meint ihr die Frau im dicken Mantel?"
Vor plötzlicher Aufregung umklammere ich den ganzen Finn und drücke mein Gesicht gegen seinen Rücken.
„Wo haben Sie sie gesehen?", fragt er.
„Sie ist hier umherspaziert und hat sich ratlos umgeschaut. Ich habe sie gefragt, ob sie jemanden sucht. Meine Leute, hat sie gesagt, und dass sie nach Hause will. Da habe ich sie an die nächste Bushaltestelle Richtung Stadt geschickt."
Mein Herz schlägt vor Aufregung wie eine Trommel. „Und? Wo ist die Haltestelle? Sagen Sie's bitte schnell, wir suchen meine Oma seit Stunden!"

Er beschreibt uns den Weg.

Gleich darauf holpert das Mofa über eine kleine Brücke, unter der ein Bach gurgelt. Der Brückenweg mündet in eine Baumallee ohne Häuser.
Ein gutes Stück entfernt taucht das rote Ziegeldach eines größeren Bauernhofs auf, und Finn drosselt die Geschwindigkeit.
Schon von weitem sehen wir das Wartehäuschen, aus dem ein rötliches Viereck ragt. Ich schicke ein Blitzgebet zum lieben Gott, dass er bei dem Koffer noch meine Oma sitzen lässt.
Und tatsächlich, es wirkt!
Aber welch ein trauriger Anblick ... Trotz Sommerhitze hat sie sich in Lenas Wintermantel gehüllt und den Kragen hoch geschlagen. Als solle er sie vor der Welt schützen.
Sie scheint zu schlafen.
„Omschi!" Ich rüttle sie sacht. „Hallo Omschi, was machst du denn hier!"
Sie schlägt die Augen auf und starrt mich an.
„Na, da kommst du ja endlich!", sagt sie streng. „Ich warte hier schon sieben Runden. Mit der Post geht es auch nicht so schnell."
Finn hat bereits sein Handy gezückt. Pablo will sofort herkommen, und Lena kann sämtliche Suchaktionen abblasen.
„Wie geht's Ihnen, Oma Irmchen?", fragt Finn. Er zieht aus seiner Jackentasche eine kleine Colaflasche ohne Cola. Sie ist mit Wasser gefüllt. „Trinken Sie einen Schluck."
Sie schüttelt den Kopf und blinzelt ihn skeptisch an. „Und wer sind Sie? Wo bleibt denn meine Mannschaft!"
Ich streichle ihre Wange. „Die holen dich gleich alle ab."
„Wird aber auch Zeit", brummt Oma.
Ich nehme ihre kleine, knochige Hand, halte sie ganz fest und heule wieder ein bisschen. Weil ich so erleichtert bin.

Da hinten kommt ein Bus um die Ecke. Er hält vor uns und lässt zwei Mädchen aussteigen.
Ich schnappe aufgeregt nach Luft. Hätten wir Oma nicht rechtzeitig gefunden, wäre sie vielleicht eingestiegen! Und dann?

Der Busfahrer lässt für uns den Einstieg offen, aber ich schüttle den Kopf.

30

Lauter Sternschnuppen

Auch in dieser Nacht schlafe ich nicht im Zelt, sondern auf der Couch im Wohnzimmer. Ich helfe Lena, auf Oma aufzupassen. Vier Ohren hören mehr als zwei.
Stundenlang liege ich wach, falls Oma noch einmal wegläuft. Alle Zimmertüren stehen offen, damit wir sofort merken, wenn sie aufsteht. Die Haustür ist abgeschlossen, und sie kann nicht raus. Aber wer weiß, vielleicht findet sie sogar das Schlüsselversteck in der leeren Zuckerdose?
Das leise Schnarchen kommt nicht von Lena. Es ist Omas, und so lange sie schnarcht, kann sie nicht das Haus verlassen.
Schade, dass wir nun nicht auf der Burg übernachten. Das müssen wir verschieben. Darauf werde ich bestehen! Hoffentlich bleibt das Wetter so gut. Ich wünsche es mir sehr, weil ja dann sicher auch Finn dabei ist.
Finn ...
Ich muss mal richtig tief aus dem Bauch seufzen. Wie recht Sonja hat! Er ist total süß, und ich habe es gern, wenn er da ist.

Da fällt mir ein, dass ich auf dem Burghof nach Sternschnuppen Ausschau gehalten hätte. Um diese Jahreszeit schwirren immer welche durch die Atmosphäre, kleine und große.
Was hindert mich daran, vom Hof Ausschau zu halten?
Ganz kurz fallen mir Wildschweine mit riesigen Hauern, tollwütige Füchse und Nachtgespenster ein. Aber die Welt ist ja groß genug, sie werden nicht unbedingt alle heute Nacht nach Mollberg kommen.

Ich ziehe Omas leichten Sommermantel und Gummistiefel an. Der Schlüssel klappert leise in der Zuckerdose.
Vorsichtig aufschließen … Da stehe ich schon im Garten.

Ich setze mich auf die Bank am Gartentisch. Meine Augen gewöhnen sich schnell an das Dunkel. Um mich herum erkenne ich schwarze Bäume und den Schatten des Zeltes, in dem Sonja und Jona schlafen. Vom Mond ist nichts zu sehen, dafür umso mehr von den Sternen. Die Luft duftet nach feuchter Wiese und ist erfüllt von Grillenzirpen. Auf den fernen Hügeln blinken Sterne, doch das sind Lichter hinter Fenstern. Zwei schwankende Autoscheinwerfer zeigen mir, wo die Landstraße verläuft.
Und da ist auch Brunhilde!
Der Kater streicht um meine Beine.
Die Uhr des Kirchturms schlägt einmal. Ist es ein Uhr oder Viertel wonach?
Ich nehme den Kater auf den Schoß und fühle mich sicher. Es macht mir nichts aus, allein im Stockfinstern in den Himmel zu schauen. Es ist so unerwartet schön, dass mir ganz feierlich zumute wird.
Da! Ein leuchtender Bogen flitzt zwischen den Sternen durch und ist schon weg. Eine Sternschnuppe für Omschi. Ich wünsche mir für sie …

Etwas raschelt auf der Wiese, und Brunhilde springt von meinem Schoß. Eine Gestalt geht durch die Dunkelheit.
Mein Herz pocht plötzlich gegen die Rippen.
„Brunhilde, lauf mir nicht vor den Füßen rum! Wer ist da am Tisch. Lisann, du?"
Es ist Jona.
Er setzt sich zu mir. „Was tust du hier draußen?"
„Auf Sternschnuppen warten. Eine habe ich gerade gesehen. Aber ich brauche mindestens noch zwei, weil ich noch mehr Wünsche habe."
Jona bemerkt nicht abfällig, dass er mich kindisch findet. Er starrt selber in den Himmel.
Es dauert ein paar Minuten, da rufen wir zur selben Zeit: „Da, noch eine!"

Die Kirchturmuhr schlägt zweimal. Es kommt mir vor, als seien ihr Ton, Jona und ich als Einzige auf der Welt wach.
„Denkst du gerade an Oma? Brauchst du für sie eine Sternschnuppe?", fragt mein Bruder.
„Verrate ich nicht. Du sagst mir ja auch nicht, wofür du deine brauchst. Aber ich kann es mir denken."

„Kommst du mit schwimmen?", lenkt er ab.
„Mitten in der Nacht?"
Ich schließe die Haustür von außen ab, sicher ist sicher. Jona und ich stolpern Hand in Hand über die Straße zum Teich.
Er liegt vor uns wie ein rundes, schwarzes Tuch.
Nackt schwimmen wir zwei Runden. Neben mir höre ich die Arme meines Bruders paddeln, und das ist fast noch schöner, als nach Sternschnuppen Ausschau zu halten.
Draußen bekommt Jona einen Niesanfall, und wir sagen uns schnell gute Nacht.

Als ich wieder auf der Couch liege, stelle ich mir vor, dass gerade tausend Sternschnuppen aus dem Lichtermeer des Himmels fallen, und am nächsten Tag sind es all die gelben Blumen auf den Wiesen. Dann könnte ich mir jeden Tag welche pflücken und mir tausend Dinge wünschen, von denen vielleicht zwei, drei in Erfüllung gehen.
Aber was soll's - im Moment bin ich ja wunschlos glücklich!

31

Liebe, liebe Omschi

Wie schade! Die drei Ferienwochen, die wir in Mollberg verbringen dürfen, gehen viel zu schnell zu Ende.
Gerade sind die Portugal-Urlauber wieder eingetrudelt. Sie bringen frisches Garnelenfleisch, Oliven und geräucherten Fisch mit. Daraus bereiten sie für alle Hofbewohner ein maritimes Feinschmecker-Abendessen zu, das wir gleich am Gartentisch unter dem Nussbaum genießen.
Und toll, Finn und sein Papa Johannes sind dazu eingeladen!
Als Roger und Barbara begeistert von ihrem Seminar, dem wunderschönen Land und dem Meer erzählen, hört meine Mama still zu. Ab und zu schaut sie zu Oma rüber. Die gibt auch keinen Mucks von sich und lächelt meinen Onkel und meine Tante so scheu an, als seien sie Fremde.
Wir haben ausgemacht, die beiden nicht sofort mit den Oma-Problemen zu überfallen, und alle halten sich daran.

Der erste Teil von Sonjas Film ist fertig!
Wir gehen alle zu Susi und schauen ihn uns auf dem Fernsehbildschirm an. Pablo und Finn haben ihre technischen Kenntnisse zusammengeworfen und Anfang und Ende des Films mit unserer Küchenmusik eingerahmt.
„Sonja, du bist sehr begabt", staunt Barbara. „Manche Einstellungen finde ich fast professionell."
„Das muss ich noch raus schneiden", kritisiert sich Sonja an einer Stelle.

„Oma Irmchen ist mir in Quere gelaufen."
Man sieht die alte Dame aus der Haustür treten und in die Kamera blinzeln. Misstrauisch nähert sie sich, bis ihr Gesicht das Bild ganz und gar einnimmt.
„Ulkige Fransen", murmelt sie mit tiefer Bergarbeiter-Stimme. „Sie, was machen Sie?"
„Aufnahmen für meinen Film."
Sonja schwenkt das Objektiv auf Brunhilde, die um Omas Beine scharwenzelt und sie sofort ablenkt.
Der Film ist toll geworden, und einstimmig finden wir, dass Omas Auftritt nicht gelöscht werden darf.

Lange noch sitzen wir zusammen in der lauen Sommerluft. Die Erwachsenen trinken Rotwein, wir Kinder Orangensaft mit Blättern von Zitronenmelisse und Eisstückchen.
Auch Oma mag Wein sehr gern. Je öfter sie ihr Glas an den Mund hebt, umso übermütiger und witziger wird sie.
„Prösterchen!" Schon zum dritten Mal stößt sie mit allen an, aber am liebsten mit Johannes Hartmann, der nicht widerspricht, wenn Oma ihn dauernd Werner nennt. Sie redet ihn sogar manchmal mit mein Herr an. Ihre Bäckchen sind vor Eifer gerötet, sie wirkt gelöst und glücklich. Dieser Tag ist für sie ganz sicher hellblau.
Ich frage mich, ob das an Barbaras und Rogers Rückkehr liegt. Vielleicht hat es Oma nur nicht ausdrücken können, aber es kommt mir vor, als habe sie nur die beiden vermisst, wenn sie nach „ihren Leuten" gefragt hat. Nicht Rainer und Christine.

Vom Gartentisch aus schauen wir weit in die Landschaft und in den Himmel, der uns jeden Abend ein anderes Schauspiel aufführt. Heute versteckt sich der Sonnenball hinter langen violetten Wolkenbahnen, die er in einem türkisfarbenen Meer schwimmen lässt. Es sieht ganz toll aus. In den Dörfern gehen ringsum Lichter an. Sie kleben auf den Hügeln wie herab gefallene Sterne.
„Jetzt geht's ab ins Bett", mahnt Lena, nachdem Oma das zweite Glas Wein ausgetrunken hat.
„Habe ich denn eins?", fragt sie.

„Nein, du musst heute Nacht im Hühnerstall schlafen", gickert Barbara.
„Aber nur, wenn du mitkommst." Oma legt den Kopf zurück und aus ihrem Hals kullert ein lustiges Glucksen.
Mit ihrer Fröhlichkeit steckt sie uns alle an. Sie ist noch viel zu aufgekratzt, um schon ins Bett zu gehen. Wir bleiben mit ihr im Freien sitzen, bis der letzte Hauch Violett erloschen ist und der erste helle Stern funkelt.

Lena hilft Oma später beim Ausziehen, und ich gehe mit.
Meine Omschi sieht ganz klein aus, wie sie da auf dem Hocker im Badezimmer sitzt. Sie hat einen schlaffen, runzeligen Busen. Aber ihr Rücken sieht glatt aus, von hinten könnte man sie sie für ein junges Mädchen halten.
„Jetzt die Zähne raus", befiehlt Lena.
Oma stochert mit ihren Fingern im Mund herum. Nur unter Ächzen und Stöhnen gelingt es ihr, ihre Prothese zu lösen.
„Putzen!" Lena hält ihr die Zahnbürste mit der Paste hin.
Oma bürstet die kleinen weiß-goldenen Dinger. Sie fallen ihr aus der Hand ins Waschbecken.
„Hoppla", sagt sie erschrocken.
Ich kann mir vorstellen, dass Oma all diese Dinge eines Tages überhaupt nicht mehr allein schafft.
Als sie im Bett liegt, halte ich noch einen Moment ihre Hand, danach decke ich sie zu.
„Träume süß von ...", sage ich und grinse sie an.
„... sauren Gurken", ergänzt sie und schmunzelt.
So hat sie früher manchmal mit mir rumgealbert.
Selig versinkt sie in ihrem Kopfkissen.
Lena streichelt ihr über die Wange. „Gute Nacht, mein Mütterchen."
„Gute Nacht. Wir beide sind doch ein schönes Paar", antwortet Oma und lächelt.
„Genau." Lena grinst. „Ein Pärchen wie Paul und Klärchen."

Danach setzen wir uns zu Jona, Barbara und Roger nach draußen.
„Ich möchte mit euch besprechen, was wir uns in Portugal überlegt

haben", sagt Barbara nachdenklich. „Wir finden, Mutti kann unmöglich zurück nach Oberhausen. Uns ist klar, dass sie eine mittlerweile schwere Demenz hat. Ich habe ein Buch darüber gelesen. Wie weit ihre Krankheit fortgeschritten ist, muss uns ein Arzt sagen. Lena, danke, du hast schon einen Termin ausgemacht. Ihr Kinder wisst, was Demenz bedeutet?"
Ich nicke. „Eine Krankheit, die öfter alte Leute bekommen. Sie vergessen ganz viel, zum Beispiel die Namen ihrer Kinder, was sie gerade gemacht haben oder wo sie wohnen."
Barbara stößt einen leisen Seufzer aus und sieht Roger an. „Deshalb haben wir beschlossen, Mutti zu uns zu nehmen. Wir können ja beide zu Hause arbeiten, und unsere Stadtwohnung ist groß genug."
Sie schlägt vor, dass Oma dann das kleine Zimmer neben der Küche bekommen könne. Fürs Erste. Dann wollen sie weiter überlegen.
Lena nickt langsam. Ich sehe, wie sie schluckt. Sie schließt die Augen, fasst nach Barbaras Hand und fängt an zu weinen. „Ach ihr ..."
Jona macht ja selten mal den Mund auf, aber jetzt sagt er: „Finde ich echt cool von euch, dass ihr das machen wollt."
„Wer sollte es denn sonst machen?", fragt Roger. „Deine Oma gehört zu uns, so einfach ist das. Auch wenn wir wissen, dass es alles andere als einfach wird."
Mein Bruder betrachtet seine Fingernägel, die ziemlich dreckig sind. Er druckst herum. „Ich kann ja dann in den Herbstferien zu euch kommen und ..."
„Mach dir darüber keinen Kopf, Jona", unterbricht ihn Barbara. „Auch wenn ich das ganz lieb von dir finde. Wir schaffen das mit Oma. Und wenn wir Hilfe brauchen, schicken wir euch ein SOS."

Ich hätte nicht gedacht, dass mein Bruder genauso an Oma hängt wie ich. Wieso habe ich davon bisher nichts mitgekriegt? In diesem Moment habe ich Jona richtig lieb. Ich konnte es ja auch überhaupt nicht merken, weil ich ihn in letzter Zeit kaum beachtet habe! Das geht mir plötzlich auf. Und das werde ich ändern.
„Es ist rührend von euch", sagt Lena leise. „Aber macht euch auf einiges gefasst."
Nun berichtet sie, was mit Oma inzwischen passiert ist. Und zum

Schluss schildere ich ausführlich, wie Finn und ich sie gefunden haben.
„In ein Heim soll sie jedenfalls nicht", beteuert Roger. „Wir werden viel Zeit und Geduld für sie brauchen, das ist uns klar."
Eine ganze Weile spricht niemand. Feierlich senkt sich die Nacht über die Wiesen und Bergketten.
Was Roger und Barbara gerade gesagt haben, ist für mich wie eine Erlösung, und ich kann aufatmen.

Jetzt höre ich Finns Mofa knattern und vor dem Gartentor anhalten!
Er setzt sich zu uns, und sein Arm rutscht um meine Schultern. „Alles wieder okay, Goldhamster?"
„Hm." Ich lächle ihn an, was er im Dunkeln nicht sehen kann. Oder doch? Da lässt er mich schon wieder los.
„Schreib mir mal, wenn du Langeweile hast. Ich sammle witzige Postkarten."

Die beiden letzten Nächte möchte ich noch einmal mit Sonja und Jona im Zelt verbringen. Jetzt können ja auch noch Roger und Barbara auf Oma aufpassen.
Erst nach Mitternacht geht einer nach dem anderen zu seinem Bett. Wir Kinder verkriechen uns in unseren Schlafsäcken, und Sonja löscht das Licht. Jona tuschelt noch mit ihr, ich höre sie leise lachen. Es beruhigt mich, dass sie sich gut verstehen. Nein, dass wir uns alle vier gut verstehen, mein Bruder, Sonni, Finn und ich.
Schade, am Wochenende schon müssen wir unsere Sachen packen.
Ich denke noch ein bisschen an Finn. Nächstes Jahr bin ich zwölf. Und gewachsen. Und ab jetzt werde ich auf die Suche nach witzigen Postkarten gehen, ich kenne einen Laden, der hat total verrückte.
Wo ist eigentlich Koko? Meine kleine Stoffmaus habe ich völlig vergessen.
Aber wozu brauche ich Koko überhaupt noch? Ich werde sie Oma schenken.
Mit einem Seufzer wälze ich mich herum.
Wann sehe ich alle wieder ... Ob wir wirklich nächsten Sommer noch mal hier sein werden? Auch Finn? Und ob Oma dann wieder mit dabei ist?

Liebe, liebe Omschi, denke ich, als mir schon fast die Augen zufallen. Du bekommst jede Woche einen langen Brief und jede Menge Postkarten von mir. Und Fotos. Und Bilder, die ich dir malen werde. Es macht mir nichts aus, wenn du sie vielleicht gar nicht mehr richtig verstehst.

Aber vielleicht fühlst du es doch, wenn ich manchmal ganz intensiv an dich denke.

Und Sternschnuppen, Omschi, die werde ich weiterhin sammeln. Bis wir uns alle wiedersehen.

Mit besonderem Dank

an meine Schwester Bärbel Danneberg, die mit ihrem Mann, den Kindern und Enkelkindern unsere demenzkranke Mutter Else liebevoll und aufopferungsbereit bis zu deren Tod gepflegt und ein Buch für Erwachsene darüber geschrieben hat:
„Alter Vogel, flieg", Promedia-Verlag Wien

Inhalt

1. Die Autoseele pfeift.................... 5
2. Hallo Omschi!........................8
3. Das Mollberggefühl 13
4. Sonjas Zeltzimmer..................... 16
5. Eine Ferse zu viel.....................21
6. Wimpernklimpern für Finn................. 24
7. Begegnung mit Wasserschlange............ 29
8. Alle haben sich verändert................... 34
9. Oma zählt Schwalben...........................38
10. Mensch ärgere dich nicht.....................42
11. Küchenplünderung........................ 45
12. E-Bass und C-Flöte..................... 49
13. Oma macht Sachen..................... 53
14. Alter Bärbock........................56
15. Geldgeschichten......................59
16. Gartenchor........................63
17. Große Suchaktion..................... 68
18. Omschi hält uns auf Trab..................... 73
19. Ich bin überflüssig....................... 77
20. Opa auf der Wolke........................82
21. Dunkelgrau und hellblau..................... 86
22. Sonjas Auftrag....................... 89
23. Finn und ich.........................93
24. Armin, schwarzer Mann..................... 97
25. Omas Beißerchen........................ 102
26. Miau sagt das Schwein....................107
27. Burgruine Flackenstein..................... 111
28. Vom Erdboden verschluckt.....................115
29. Abendliche Mofatour..................... 118
30. Lauter Sternschnuppen..................... 122
31. Liebe, liebe Omschi..................... 125

*"Die Brillenschlange sucht und sucht.
Sie tappt halb blind umher und flucht -
die Brille ist verschwunden!
Womöglich tritt noch jemand drauf?
Blöd, hätte sie die Brille auf,
hätt' sie sie längst gefunden ..."*

Der Frosch hat einen Frosch im Hals

In diesem frech und wortwitzig gereimten Tier-ABC überrascht die Autorin mit Unbekanntem über bekannte Tiere vom Affen bis zur Zikade. Man begegnet aber auch seltenen Spezies wie Computermaus, Nacktfrosch, Wetterhahn, Rollmops, Wollmaus und Gummibärchen ...

Zum Vor- und Selberlesen für Kinder ab 6 Jahren, Eltern, Großeltern, Onkel, Tanten, Lehrer, Erzieher und allerbeste Freunde.

Der Frosch hat einen Frosch im Hals - die CD!

Die CD zum Buch mit 50 ausgewählten Gedichten, humorvoll vorgetragen von Christa Zeuch und Sohn Fabian. Mit Musik und Geräuschen von Fabian Zeuch.

Erhältlich im Online-Handel!

HINWEISE ZUR EDITION GEGENWIND

Unter dem Label Edition Gegenwind erscheinen seit 2010 vor allem Neuausgaben früher veröffentlichter Bücher, aber auch Originalausgaben anerkannter Autoren und Illustratoren im Book-on-Demand-Verfahren als gedruckte Buchausgabe oder/und E-Book. Ihre Herstellung erfolgt über Self-Publishing-Plattformen wie Books on Demand, CreateSpace, epubli und neobooks.

Bislang sind in der Edition Gegenwind 53 Titel (Stand: Oktober 2016) in den Reihen Kinderbuch, Jugendbuch, Belletristik und Sachbuch erschienen:

Gabriele Beyerlein
Bea am anderen Ende der Welt. Ab 8 Jahren. Illus.: Iris Hardt. 2012
Ilo und die Keltenfürsten. Ab 8 Jahren. Illus.: Tilman Michalski. 2012
Lara und das Geheimnis der Mühle. Ab 6. Illus.: Susanne Smajic. 2011
Der schwarze Mond. Ab 11 Jahren. Fantasy-Roman. 2013
Die Kette der Dragomira. Ab 12 Jahren. 2015
Die Göttin im Stein. Steinzeit-Roman. 2013
In Berlin vielleicht. Historischer Roman. 2013
Berlin, Bülowstraße 80 a. Historischer Roman. 2014
Es war in Berlin. Historischer Roman. 2015

Dagmar Chidolue
Sugar. Ab 12 Jahren. 2015

Thomas Fuchs:
Malcolm Das Lächeln Afrikas. Roman. 2013
Neles Block. Ab 5 Jahren. Mit Illustrationen zum Weitermalen 2014
Drei Freunde und der schwarze Hund. Ab 8. Mit Illus.: Imke Sönnichsen. 2014
Wanted! – Plötzlich gesetzlos. Ab 10 Jahren. Jugendroman. 2013
Follow me! Ab 10 Jahren. Jugendroman. 2015
Nullnummer. Ab 11 Jahren. Jugendroman. 2013
Unter Freunden. Ab 12 Jahren. Jugendroman. 2014
Die Welt ist ein Fahrrad. Ab 13 Jahren. Jugendroman. 2013
Falsche Zeit, falscher Ort. Ab 13 Jahren. Jugendroman. 2014
wild@heart. Ab 14 Jahren. Jugendroman. 2015
Bj. 66, männlich, renovierungsbedürftig, Roman, 2013
Eine unglaubliche Geschichte. Roman. 2013

Ulrich Karger
Dicke Luft in Halbundhalb. Ab 5 Jahren. Illus.: Hans-Günther Döring. 2011
Herr Wolf kam nie nach Berchtesgaden. Gedankenspiel in Wort und Bild.
...Zusammen mit Peter Karger. 2012
Kindskopf – Eine Heimsuchung. Novelle. 2012
Verquer. Roman-Collage. 2013
Vom Uhrsprung und anderen Merkwürdigkeiten. Moderne Märchen und Parabeln. 2010, 2015
Briefe von Kemal Kurt (1947-2002) – mit Briefen, Nachrufen und Rezensionen. 2013

Sylvia Schopf
Peppi Pepperoni. Ab 6 Jahren. Illus.: Susanne Schwandt. 2015
MALINCHE Prinzessin der Azteken. Ab 10 J. Illus.: Marta Hofmann-Ptak. 2015
Wir entdecken fantastische Welten. Spielgeschichten für Kindergarten und Vorschule. 2015

Manfred Schlüter
SimsalaSurium. Ab 5 Jahren. Illus.: Manfred Schlüter. 2014
SINA und das Kaff am Ende der Welt. Ab 12 J. Illus.: Manfred Schlüter. 2013
Das Perpezudum oder Wie der alte Morawitz das Perpetuum mobile erfand. Erzählung. 2013

Pete Smith:
Mein Freund Jeremias. Ab 8 Jahren. Illus.: Hans-Jürgen Feldhaus. 2015
Tausche Giraffe gegen Freund. Ab 8 Jahren. Illus.: Rooobert Bayer. 2015
Das Geheimnis von Schloss Gramsee. Ab 10 Jahren. 2015

Christa Zeuch:
Der Frosch hat einen Frosch im Hals. Ab 6 Jahren. Illus.: Gabriele Elsler. 2013
CD Der Frosch hat einen Frosch im Hals, Musik: Fabian Zeuch
Mein Zauberschloss hat viele Türen. Ab 6 Jahren. Illus.: Christa Zeuch. 2014
Wawar und der Feuervogel. Ab 8 Jahren. Illus.: Gabriele Elsler. 2014
Affenkopp liebt Zottelbär. Ab 6 Jahren. Illus.: Christa Zeuch. 2015
Die Augen der Kukurill. Ab 8 Jahren. , Illus. Ch.Zeuch. 2016
Prinz MeMo. Illus.: Christa Zeuch. Ab 9 Jahren. 2013
Moonskaters Traum vom Fliegen. Ab 12 Jahren. 2013

Beyerlein, Fuchs, Karger (Hrsg.), Schlüter, Zeuch
Bücherwurm trifft Leseratte. Ab 5 Jahren. Illus.: Manfred Schlüter. 2013
Neu: Bücherwurm trifft Leseratte 2, Anthologie wie oben, Beiträge aller EG-Autoren

Edition Gegenwind
Books on Demand
Aktuelle und ausführliche Informationen zum Programm der Edition Gegenwind
finden Sie im Internet unter: **www.edition-gegenwind.de**

Aktuelle und ausführliche Informationen zur Autorin finden Sie im Internet unter:
www.christazeuch.de